deutsch üben 17

Susanne Geiger

Adjektive

Hueber Verlag

deutsch üben

ist eine Reihe von Übungsbüchern zu Grammatik, Wortschatz und Rechtschreibung, die als kursunabhängiges Material zu jedem beliebigen Lehrbuch, aber auch kurstragend benutzt werden können. Sämtliche Bände sind auch für den Selbstunterricht geeignet.

Quellenverzeichnis

Fotos
S. 16: © iStockphoto/HHLtDave5; **S. 44:** von oben: © panthermedia; © fotolia/FOOD-micro; © panthermedia/Carola Gaar; **S. 66:** von oben: © panthermedia/Hans-Joachim Arndt; © panthermedia/Birgit Strehl; © Shotshop/Kai Krüger; © panthermedia/Christa Eder; **S. 67:** © panthermedia/Michael Kupke; **S. 68:** © panthermedia/Claus Lenski; **S. 79:** © panthermedia/Clemens Humeniuk; **S. 86:** © irisblende.de; **S. 107:** © panthermedia/Kay Hofmeister; **S. 114:** © irisblende.de; **S. 116:** © irisblende.de; **S. 121:** © fotolia

Texte
S. 119: aus: www.national-naturlandschaften.de
S. 128: Süddeutsche Zeitung, Dominik Stawski, 26.7.2010

5. 4. 3. | Die letzten Ziffern
2025 24 23 22 21 | bezeichnen Zahl und Jahr des Druckes.
Alle Drucke dieser Auflage können, da unverändert, nebeneinander benutzt werden.
1. Auflage

Umschlaggestaltung: Parzhuber und Partner, München
Fotogestaltung Cover: wentzlaff | pfaff | güldenpfennig kommunikation gmbh, München
Coverfoto: Mann © Strandperle/Premium RF/Gerhard Zerbes, Hand © iStockphoto/kyoshino
Zeichnungen: Irmtraud Guhe, München
Layout: Petra Obermeier, München
Satz: Sieveking · Agentur für Kommunikation, München
Redaktion: Hans Hillreiner, Hueber Verlag, Ismaning
Druck und Bindung: Friedrich Pustet GmbH & Co. KG, Regensburg
ISBN 978-3-19-107450-0

Art. 530_13461_001_03

Vorwort

Das Übungsbuch **Adjektive** richtet sich an alle Lerner ab dem Niveau A2 des *Gemeinsamen Europäischen Referenzrahmens*. Vor allem die Übungen ab B2 sind auch für Muttersprachler interessant.

Das Übungsbuch **Adjektive** ist unterrichtsbegleitend einsetzbar und für Selbstlerner geeignet.

Das Übungsbuch **Adjektive** bietet zu allen wichtigen Bereichen der Adjektiv-Grammatik, der Bedeutung und der Verwendung von Adjektiven in der gesprochenen und geschriebenen Sprache abwechslungsreiche Übungen in authentischem Kontext. Die zahlreichen Übungen geben Sicherheit in der korrekten Verwendung der Adjektive und sind unentbehrlich für die Erweiterung des Wortschatzes vor allem auf höheren Niveaustufen.

Das Buch gliedert sich in 4 Teile:

→ Die 167 **Übungen** sind auf 9 Themenbereiche aus dem Alltag verteilt. Hinzu kommt ein Kapitel mit besonders schwierigen Übungen. Jedes der 10 Übungskapitel hat 14 bis 20 Übungen mit unterschiedlichen Schwierigkeitsstufen. Den eher leichteren (A2/B1) Übungen, die auch den entsprechenden Wortschatz berücksichtigen, folgen die schwierigeren (B2/C1) Übungen. Die Übungsnummer erscheint hier auf dunklem Hintergrund. Teilweise stehen Wortschatz- und Grammatikhilfen zur Verfügung, die je nach Bedarf zusätzlich genutzt werden können. Es gibt offene Übungen, die individuelle Varianten zulassen und Zusatzübungen, die zum Weitermachen animieren. Für erstere sind meist Beispiellösungen angegeben, für letztere in der Regel nicht.

→ Der **Grammatikteil** umfasst 8 Unterkapitel von der Adjektivdeklination und Komparation bis zur Wortbildung und den Zahlen. Die Grammatik ist kurz und visuell ansprechend in Tabellenform dargestellt und einfach erklärt. Sie dient zur Orientierung und zum Nachschlagen nach dem Motto „das Wichtigste in Kürze".

→ Es folgt eine **alphabetische Adjektivliste** mit Beispielen zur Verwendung und Verweisen auf entsprechende Übungen oder den Grammatikteil. Adjektive bis B1 sind mit einem Sternchen * gekennzeichnet, unregelmäßige oder besondere Komparativ- und Superlativformen sind angegeben.
Auch Wortbildungselemente sind aufgenommen. Man findet ebenso einen Eintrag zu *un–* wie zu *–lich*. Nach einem Adjektiv wie *frei* folgen Beispiele für Adjektive, die auf *–frei* enden oder mit *frei–* beginnen. Diese Auflistung ist einzigartig und ein wertvolles Mittel zur Wortschatzsystematisierung und -erweiterung.
Diese Liste wird ergänzt von einer Auflistung der **Adjektive mit Präposition**, auch hier mit typischen Beispielen und Verweisen auf den Übungsteil.

→ Am Ende des Buches befinden sich die **Lösungen** zu den Übungen.

Viel Erfolg und viel Spaß beim Lernen und Üben!
Autorin und Verlag

Orientierung Was wird wo geübt?

Deklination *(Endungen / Formen)*	**A**1/2/3/5/12/15 **B**2/16 **C**1/2/4/6 **D**1/2/5/6/7 **E**1/2/10/11 **F**1/4/8/9 **G**1/2/8/12 **H**1/2 **J**4/5/12/13/17 **K**1/3/14/15
Komparation *(Komparativ / Superlativ / Vergleich / je ..., desto)*	**A**4/6/7/8/9/10/11 **B**4/6/11/14 **C**5/8/9/14/15 **D**3/5 **E**3/4 **G**3/4/5/6/14 **H**3/4 **J**1/2/14 **K**11/12/15
Graduierung *(Verstärkung / Abschwächung von Adj.)*	**A**8/11 **B**17/20 **E**6 **F**7/10 **G**7
Negation *(von Adj. durch Vor-/Nachsilben)*	**H**6 **J**7 **K**7
Partizipien *(Präsens / Perfekt / Partizipialattribute)*	**C**10/11 **D**4/11/13/16 **F**14/17 **G**15 **J**10/16 **K**8/10
Nominalisierung *(Adjektiv / Komparativ / Superlativ)*	**A**14 **B**14/15 **E**16 **F**15 **G**13/14 **H**11 **J**4 **K**15
Wortbildung *(Vor-/Nachsilben / Komposition)*	**A**3 **B**9/17/18 **C**16/17 **D**14/15/17/18 **E**9/11/12/13/14 **F**2/3/10/12/13 **G**5/15 **H**2/5/9/12/13 **J**3/8/9/11/15 **K**2/3/5/7/10/13/15
Ergänzungen *(Adjektive mit Akk./Dat./Gen./Präp.)*	**B**3/5/7/8 **C**7 **D**9/10/12 **E**8 **F**7 **G**9/11 **H**7/8 **K**15
Zahlen *(Kardinal-/Ordinalzahlen)*	**B**10/11 **C**12/13 **D**19 **E**15 **F**11 **G**10 **J**6
Stellung *(Adjektive im Satz)*	**A**5 **C**7/14 **D**7/8 **F**8/14 **K**11
Redewendungen *(mit Adjektiven/Zahlen)*	**A**16 **B**19 **D**19 **E**5/7 **F**5 **G**13/16 **H**10/14 **K**9/12
Wortschatz *(Bedeutung von Adj. / Wortschatzerweiterung)*	**A**1/2/13 **B**1/12/13/16/20 **C**1 **D**14/15/16/17/18 **E**7/11/13 **F**6/12/16 **G**5/8 **H**1/5/9 **J**3/13 **K**4/5/6

Inhalt

Abkürzungen

Adj.	Adjektiv
Komp.	Komparativ
Adv.	Adverb
Part.	Partizip
Präs.	Perfekt
Präp.	Präposition
Pron.	Pronomen
Inf.	Infinitiv
Nom.	Nominativ
Akk./A	Akkusativ
Dat./D	Dativ
Gen./G	Genitiv
GT	Grammatikteil
r/e/s	der/die/das
m	Maskulinum
f	Femininum
n	Neutrum
Sg.	Singular
Pl.	Plural
bzw.	beziehungsweise
d. h.	das heißt
engl.	englisch
idiom.	idiomatisch
österr.	österreichisch
sog.	sogenannt
u. a.	und andere(s)
ugs.	umgangssprachlich
usw.	und so weiter
vgl.	vergleiche
vulg.	vulgärsprachlich
z. B.	zum Beispiel

A. Menschen und Tiere

1. Wer seid ihr?

A. Ergänzen Sie das passende Adjektiv.

1. Ich heiße Martina und bin 23 Jahre *alt*. Ich bin ________.
   Meine Haare sind _______.
2. Das ist Andreas. Er ist 1,90 m _______. Seine Haare sind
   sehr _______. Er ist __________________.
3. Das sind Frau und Herr Berger. Sie sind __________________.
   Ihre Kinder sind noch ________. Die Familie ist sehr _______.
4. Das ist Herr Huber. Er ist schon _____. Sein Bart ist _______.
   Er ist sehr _________________.
5. Das ist Anna. Sie ist noch _______, aber sie ist schon
   _________________. Sie ist sehr ________.

~~alt~~ • lang
ledig

groß • kurz
sympathisch

klein • nett
verheiratet

alt • grau
freundlich

jung • ruhig
geschieden

B. Ergänzen Sie die Endungen.

1. Kennst du hier im Haus eine ledig*e* jung__ Frau mit braun____ Haaren? – Vielleicht meinst du Katja? Sie wohnt im erst____ Stock.
2. Wer ist der groß__, sympathisch__ Mann mit den kurz____ blond____ Haaren? – Das kann nur Andreas sein!
3. Weißt du, wie das nett__ verheiratet__ Paar mit den zwei klein____ Kindern heißt? – Das sind Bergers.
4. Der alt__ Herr von nebenan, der mit dem grau____ Bart, grüßt immer sehr freundlich____. – Ach, du meinst Herrn Huber!
5. Wer ist die hübsch__ jung__ Frau aus dem zweit____ Stock? – Das ist meine Freundin Anna.

C. Ordnen Sie die Adjektive von *A* und *B* in die Tabelle ein.

Familienstand	Eigenschaften	Haarfarbe
ledig,	*alt,*	

2. Haustiere

A. Ergänzen Sie die Nomen und Adjektive im Akkusativ. Verwenden Sie den unbestimmten Artikel.

Wer hat welches Tier?

0. Ich habe *einen kleinen Hund.*	r Hund • klein
1. Meine Schwester hat ____________________	e Katze • süß
2. Mein Bruder hat ____________________	s Hausschwein • fett*
3. Meine Großeltern haben ____________________	s Pferd • eigen
4. Unsere Nachbarn haben ____________________	r Hamster • frech
5. Mein Freund hat ____________________	r Kanarienvogel • gelb
6. Meine Lehrerin hat ____________________	r Hase • lustig

*Achtung: *fettes Schwein (ugs.)* ≈ starkes Schimpfwort

Und welches Haustier haben Sie?

B. Ergänzen Sie das Adjektiv im Akkusativ.

Was fressen und trinken die Tiere?

0. *kalt*	Hunde trinken nur *kaltes* Wasser.
1. *warm*	Katzen lieben __________ Milch.
2. *roh*	Schweine fressen gern __________ Kartoffeln.
3. *frisch*	Pferde mögen vor allem __________ Äpfel.
4. *trocken*	Hamster lieben __________ Obst.
5. *grün*	Vögel fressen am liebsten __________ Salat.
6. *hart*	Hasen nagen gern __________ Brot.

Kleine Hilfe: *r Apfel / s Brot / e Kartoffel / e Milch / s Obst / r Salat / s Wasser*

s Schwein

s Pferd

r Hamster

r Hase

3. Vorlieben

A. Was gehört zusammen? Setzen Sie ein.

0. Mir gefällt die *französische Mode.*
1. Für meine Freundin muss Kleidung vor allem ____________________.

~~französische~~	~~Mode~~
praktisch	sein

2. Malte möchte einen ________________ ________ lernen.
3. Sarah will Sprachen studieren, ein ____________ ________________.

technischen	Beruf
typisches	Mädchenfach

4. Anita hört nur ______________ ________.
5. Michael ist Fan von ________________ ________________.

afrikanischer	Musik
klassische	Trommelmusik

6. Meine Mutter sieht gern ________________ ________________.
7. Ich mag alles, was ________________ ____.

österreichische	Heimatfilme
schweizerisch	ist

8. Severin ist von der ________________ ____________ begeistert.
9. Marina mag die ______________ ________ lieber.

amerikanischen	Kultur
europäische	Lebensart

10. Carolin liebt die ______________ ________.
11. Ihre Schwester geht lieber ____________ ________.

asiatisch	essen
italienische	Küche

12. Am liebsten trinken wir ______________ ______.
13. Aber ______________ ______ ist auch nicht schlecht!

bayerisches	Bier
fränkischer	Wein

B. Ordnen Sie die Adjektive auf *–isch* aus *A* in die Tabelle ein.

Länderbezeichnungen	andere
französisch,	*praktisch,*

Zusatzaufgabe: Ergänzen Sie die Tabelle mit weiteren Beispielen.

C. Wie heißen bei den Länderadjektiven aus *B* die einzelnen Länder?

Frankreich, ______________________________

____

4. Am liebsten würde ich ...

A. Formulieren Sie Fragen mit *am liebsten* oder *am besten*.

0. Was würdest du jetzt 1. In welchem Land würdet ihr 2. Wann kann man dich 3. Welche Sprache würdest du 4. In welcher Stadt würdest du 5. Wo kann man hier 6. Welcher Termin für unser Treffen würde dir	am liebsten am besten	erreichen? essen? leben? lernen? wohnen? passen? ~~tun?~~

0. *Was würdest du jetzt am liebsten tun?*

B. Formulieren Sie passende Antworten.

abends • der nächste Sonntag • in Berlin • in der Schweiz • beim Italiener
Chinesisch • im Internet surfen

0. *Am liebsten würde ich jetzt im Internet surfen.*

Zusatzaufgabe: Finden Sie eigene Antworten.

5. Das würde ich nicht machen!

Ergänzen Sie das Adjektiv mit der passenden Endung an der richtigen Stelle im Satz.

alt
alte
altes
~~alten~~
alten

0. Man geht doch nicht mit ↓ *alten* Jeans ins Theater !
1. Willst du dieses Fahrrad wirklich reparieren ?
2. Warum ladet ihr eure Freunde nicht mehr ein ?
3. Du kannst doch das Handy nicht wegwerfen, nur weil es ist ?
4. Wozu sammelst du denn so viel Zeug ?

neu
neuer
neu
neues
neuen

5. Warum möchtest du gleich zwei Laptops kaufen ?
6. Willst du wirklich mit Schuhen wandern gehen ?
7. Du kannst dich doch nicht dauernd einkleiden !
8. Warum willst du eigentlich dein Auto verkaufen ?
9. Verrückt! Dein Freund tut wirklich alles für dich !

Kleine Hilfe: *sich einkleiden* = Kleidung kaufen

6. Tier-Quiz

Ergänzen Sie die Adjektive im Komparativ.

schnell
schlecht
klug
stark
gefährlich
lang
gut

0. Löwe oder Tiger? Welches Tier ist *schneller*?
1. Hund oder Katze? Welches Tier sieht ________________?
2. Esel oder Pferd? Welches Tier ist __________?
3. Bär oder Löwe? Welches Tier ist ___________?
4. Schlange oder Krokodil? Welches Tier ist ____________________?
5. Elefant oder Bär? Welches Tier lebt __________?
6. Huhn oder Gans? Welches Tier schwimmt __________?

Zusatzaufgabe: Versuchen Sie, die richtige Antwort zu finden.

7. Was wir gerne wissen möchten

A. Ergänzen Sie die Komparative. Achten Sie auf die Umlaute.

1. *jung • alt* Ist man in deiner Heimat, wenn man das Abitur macht, *jünger* oder ________ als in Deutschland?
2. *klein • groß* Ist dein Heimatland ________ oder ________ als Deutschland?
3. *kurz • lang* War dein Aufenthalt in Deutschland ________ oder ________ als ein Jahr?
4. *warm • kalt* Ist es in deiner Heimat ________ oder ________ als in Deutschland?
5. *leicht • hart* Ist das Leben bei euch ________ oder ________ als bei uns?
6. *arm • reich* Ist dein Land ________ oder ________ als Deutschland?
7. *schwach • stark* Ist eure Landeswährung ________ oder ________ als der Euro?
8. *niedrig • hoch* Ist die Zahl der Arbeitslosen ________ oder ________ als bei uns?
9. *dumm • klug* Hoffentlich seid ihr durch diese Übung nicht ________, sondern ________ geworden!

B. Ordnen Sie die Adjektive aus *A* und ihre Komparativformen in die Tabelle ein.

Adjektiv / Komp. + Umlaut + *-er*
jung/jünger,

Adjektiv / Komparativ + *-er*
klein/kleiner,

8. Allerhöchste Zeit für ein paar Fragen

A. Ergänzen Sie die Fragen. Verwenden Sie den Superlativ mit *aller-*.

Das ist meine allererste Frage:

0. Was war bisher dein <u>*allerschönster Urlaub*</u>?
   Urlaub • schön

1. Wer ist zurzeit dein ______________________________?
   Freund • gut

2. Verrätst du mir dein ____________________________________?
   Geheimnis • groß

3. Was wäre das _______________________________________ für dich?
   Unglück • schlimm

4. Wer ist der _____________________________________ in deinem Leben?
   Mensch • wichtig

5. Was war als Kind dein ______________________________________?
   Spielzeug • lieb

Und das war meine allerletzte Frage!

B. Welche Antwort passt zu den Fragen in *A*? Ordnen Sie zu.

0. <u>Am allerschönsten</u> war für mich	☐	a. meinen Teddybären.
1. Mein allerbester Freund ist	☐	b. verrate ich dir nicht.
2. Mein allergrößtes Geheimnis	*e*	c. keine Grammatikübungen machen zu dürfen.
3. Am allerschlimmsten wäre für mich,	☐	d. mein Hund Nathan, der mich immer versteht.
4. Am allerwichtigsten sind für mich	☐	~~e.~~ meine erste Deutschlandreise.
5. Am allermeisten mochte ich früher	☐	f. meine deutschen Freunde.

C. Unterstreichen Sie die Superlative in *B*.

Zusatzaufgabe: Formulieren Sie eigene Fragen und Antworten.

9. Das spannendste Buch

A. Was gehört zusammen? Ordnen Sie zu.

0. Die Krimis von Agatha Christie [f]
1. Germany's Next Topmodel [ ]
2. Mein Brautkleid [ ]
3. Hamburg – Madrid und zurück [ ]
4. Meine Nichten [ ]
5. Vier Wochen Amerika, [ ]
6. Mama [ ]

a. das wird der ____________ Urlaub, den wir je gemacht haben.

b. ist die ________________ Sendung, die es gibt.

c. ist die ________ Köchin, die ich kenne.

d. ist die ____________ Strecke, die wir je mit dem Auto gefahren sind.

e. sind die ______________ Kinder, die ich kenne.

~~f.~~ sind die *spannendsten* Bücher, die ich je gelesen habe.

g. ist das ____________ Kleid, das ich je besessen habe.

B. Ergänzen Sie in *A* das passende Adjektiv im Superlativ.

gut • weit • lang • teuer • frech • schlimm • ~~spannend~~

C. Reagieren Sie. Ergänzen Sie den passenden Komparativ.

0. Stimmt! Es gibt kaum *spannendere* Bücher als die von Agatha Christie.
1. Da hast du Recht. Ich kenne auch keine ________________ Sendung als Germany's Next Topmodel.
2. Ja vielleicht, aber es gibt sicherlich noch ___________ Kleider als dein Brautkleid.
3. Eine ___________ Strecke als von Hamburg nach Madrid bin ich auch noch nicht gefahren.
4. Ich glaube, ich habe schon _____________ Kinder gesehen als deine Nichten.
5. Ein _____________ Urlaub! Davon träume ich seit Jahren.
6. Es gibt wirklich keine ___________ Köchin als deine Mama.

10. Das Tollste, was es gibt

A. Formulieren Sie Fragen mit dem Superlativ.

0. *lecker* Was war *das Leckerste*, was du je gegessen hast?
1. *spannend* Was war ______________________, was du je gelesen hast?
2. *lustig* Was war ____________________, was du je erlebt hast?
3. *peinlich* Was war ______________________, was dir je passiert ist?
4. *dumm* Was war __________________, was du je gesagt hast?
5. *blöd* Was war ___________________, was du je gemacht hast?
6. *schön* Was war ___________________, was du je gesehen hast?
7. *schlimm* Was war _____________________, was dir je passiert ist?
8. *toll* Was ist __________________, was es gibt? – *Deutsche Grammatik natürlich!*

Kleine Hilfe: *lecker* = sehr gut (bei Essen) / *peinlich* = unangenehm

B. Formulieren Sie eigene Antworten.

0. *Das Leckerste, was ich je in Österreich gegessen habe, war Wiener Apfelstrudel.*

11. Meinungen

Antworten Sie mit *weniger* oder *mehr als* + Adjektiv*. Es gibt viele Möglichkeiten.

ärgerlich • aufregend • doof • fantastisch • gelungen • gut • interessant
lustig • langweilig • schrecklich • sympathisch • toll • verrückt

0. Wie war die Party gestern? – *Weniger toll.* / *Mehr als langweilig.*
1. Wie war der neue James-Bond-Film?
   ____
2. Wie findet ihr den neuen Freund meiner Schwester?
   ____
3. Wie war euer Sommerurlaub?
   ____
4. Wie findest du meine Idee, nach Australien auszuwandern?
   ____
5. Wie findest du meine Entscheidung, keine Grammatikübungen mehr zu machen?
   ____

* *weniger + Adj.* ≈ vorsichtige Abschwächung / *mehr als + Adj. (ugs.)* ≈ größtmögliche Verstärkung

Zusatzaufgabe: Finden Sie weitere Fragen und Antworten.

12. Brainstorming

Ergänzen Sie die Adjektivendungen im Akkusativ oder Dativ.

Woran denkst du bei folgenden Begriffen?

1. *Glück*
   Da denke ich vor allem an ehrliche und treu__ Freunde, eine lieb__ Familie, an einen großzügig____ Chef in der Arbeit, an Menschen mit gut____ Laune, an ...
2. *Nachbarn*
   Da denke ich vor allem an regelmäßig____ Streit oder lang__ Unterhaltungen am Gartenzaun, an merkwürdig__ Menschen mit interessant____ Lebensgeschichten, an ...
3. *Kindergarten*
   Da denke ich vor allem an spielend__ Kinder und toll____ Spielzeug, an lustig__ Kinderlieder, an fröhlich__ Zeiten, an nett__ und weniger nett__ Erzieherinnen, an ...
4. *Zoo*
   Da denke ich vor allem an gefährlich__ Tiere, an begeistert__ oder ängstlich__ Kinder, an langweilig__ Sonntagsausflüge mit der ganz____ Familie, an ...
5. *Herbst*
   Da denke ich vor allem an bunt__ Blätter, an gemütlich__ Abende mit einer heiß__ Tasse Tee, an neblig__ und kühl__ Tage, an ...

Zusatzaufgabe: Ergänzen Sie eigene Antworten und machen Sie mit anderen Begriffen weiter.

13. Tierische Eigenschaften

Was gehört zusammen? Ordnen Sie zu.

a.

b.

h.

0. fleißig	b	a.	wie ein Pfau
1. stark	☐	~~b.~~	wie die Bienen
2. stumm	☐	c.	wie eine Schlange
3. eitel	☐	d.	wie ein Fisch
4. falsch	☐	e.	wie ein Bär
5. stolz	☐	f.	wie ein Fuchs
6. schlau	☐	g.	wie ein Hund
7. treu	☐	h.	wie ein Löwe
8. stur	☐	i.	wie ein Esel

d.

c.

f.

i.

g.

e.

14. Charaktertypen

Welcher Charaktertyp passt zu welcher Beschreibung? Ordnen Sie zu.

0. Er traut sich nicht viel zu und bleibt lieber im Hintergrund. [g]
1. Alles, was er anpackt, gelingt. Negative Erfahrungen hat er nie gemacht. [ ]
2. Man kann ihm problemlos vertrauen. Er lügt nicht und meint das, was er sagt. [ ]
3. Er denkt nur an sich und seine Vorteile. Andere Menschen sind nur Mittel zum Zweck. [ ]
4. Er setzt sich ständig neue Ziele und kämpft mit vollem Einsatz. [ ]
5. Er nimmt jeden Tag wie er kommt und freut sich des Lebens. Probleme kennt er nicht. [ ]
6. Er schätzt sich und seine Situation richtig ein und macht sich nichts vor. [ ]

a. der Ehrliche
b. der Ehrgeizige
c. der Egoistische
d. der Erfolgsverwöhnte
e. der Sorglose
f. der Realistische
~~g.~~ der Schüchterne

Zusatzaufgabe: Finden Sie weitere Charaktertypen und beschreiben Sie sie.

15. Glück und Erfolg

Ergänzen Sie die Adjektivendungen.

1. Er ist als Kind reich*er* Eltern aufgewachsen und stammt aus gut____ Hause.
2. Die Schule beendete er als Best___ seines Jahrgangs.
3. In kürzest___ Zeit absolvierte er sein Jurastudium und wurde ein erfolgreich___ Anwalt.
4. Er heiratete das hübschest__ Mädchen der ganz____ Stadt und bekam vier süß__ Kinder.
5. Später engagierte er sich im sozial____ Bereich und gründete mehrer__ Stiftungen.
6. Er galt als Freund der schön____ Künste und als Liebhaber klassisch____ Musik.
7. Als er im hoh____ Alter von 90 Jahren starb, nahm die ganz__ Stadt Anteil.

16. Gänse, Hühner und andere Menschen

A. Welches Tier steht für welche Person? Verbinden Sie die passenden Satzteile.

0. Eine lahme Ente ist ... [b]
1. Eine eingebildete Gans ist ... [ ]
2. Eine alberne Gans ist ... [ ]
3. Eine dumme Gans ist ... [ ]
4. Ein verrücktes Huhn ist ... [ ]
5. Ein blindes Huhn ist ... [ ]

a. ein junges Mädchen, das dauernd kichert.
~~b.~~ jemand, der furchtbar langsam ist.
c. jemand, der nicht sieht, was vor ihm ist.
d. ein Mädchen oder eine Frau, die sich für etwas Besseres hält.
e. ein Mädchen oder eine Frau, die man dumm findet.
f. ein Mädchen oder eine Frau, die durch Kleidung oder Verhalten auffällt.

6. Eine blöde Ziege ist ... [ ]
7. Ein toller Hecht ist ... [ ]
8. Ein aalglatter Typ ist ... [ ]
9. Ein eitler Pfau ist ... [ ]
10. Eine arme Sau ist ... [ ]
11. Ein falscher Hund oder eine falsche Katze ist ... [ ]

g. jemand, der nicht ehrlich ist und dem man nicht trauen kann.
h. ein Mann, der super aussieht, nett und erfolgreich ist.
i. jemand, der in einer schlechten Lage ist und der einem leidtut.
j. jemand, der geschickt seine Interessen durchsetzt, aber nicht so sympathisch ist.
k. ein Mann, der viel Wert auf sein Aussehen legt.
l. ein Mädchen oder eine Frau, die man blöd findet.

B. Wie heißen die Tiere? Ordnen Sie zu.

r Aal • e Ente • e Gans • r Hecht • s Huhn • r ~~Hund~~ • e Katze
r Pfau • e Sau • e Ziege

0. *Hund*

1. ____________________

2. ____________________

3. ____________________

4. ____________________

5. ____________________

6. ____________________

7. ____________________

8. ____________________

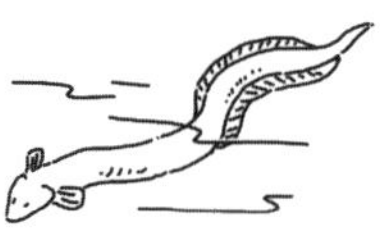

9. ____________________

B. Liebe, Familie, Freundschaft

1. Weiblich, ledig, jung ...

Diese Adjektive findet man oft in Kontaktanzeigen. Welche Kombinationen passen?

männlich • weiblich • jung • alt • ledig • geschieden • blond • dunkel
attraktiv • schön • schlank • dick • nicht dumm • intelligent
fröhlich • traurig • lustig • ernst • aktiv • sportlich • neugierig • ehrlich • treu

0. *weiblich, ledig, jung*	sucht	*männlich, sportlich, ehrlich*
1. ______		______
2. ______		______

2. Normal oder verrückt?

A. Ergänzen Sie das Adjektiv im Akkusativ.

0. *verrückt* Er hat eine *verrückte* Oma.
1. *merkwürdig* Wir haben einen ______ Lehrer.
2. *komisch* Sie hat ______ Freunde.
3. *kompliziert* Ich habe einen ______ Bruder.
4. *seltsam* Ihr habt ______ Verwandte.
5. *wahnsinnig* Du hast eine ______ Klavierlehrerin.
6. *unheimlich* Sie haben ______ Nachbarn.
7. *normal* Hast du ein ______ Familienleben?

B. Ergänzen Sie die richtigen Endungen. Achten Sie auf die Kasussignale.

0. Mit so eine[r] verrückt*en* Oma ist es sicher lustig.
1. Bei diese[m] merkwürdig___ Lehrer hatte ich auch schon Unterricht.
2. Dein[e] komisch___ Freunde sind auch meine Freunde.
3. Ich habe gleich zwei kompliziert___ Brüder.
4. Seltsam___ Menschen machen mich neugierig.
5. Deine[r] wahnsinnig___ Klavierlehrerin würde ich mal die Meinung sagen.
6. De[n] unheimlich___ Nachbarn würde ich gern mal begegnen.
7. Auch in eine[r] normal___ Familie gibt es immer ein schwarzes Schaf.

3. Liebeskummer

Ergänzen Sie das passende Adjektiv.

interessiert • sauer *(= böse)* • unfreundlich • ~~verliebt~~ • wichtig

Liebe Paula,

wahrscheinlich hast du schon gemerkt, dass ich *in* deinen Bruder (0) *verliebt* bin. Ich hoffe, dass du deswegen nicht (1) ________ *auf* mich bist. Du bleibst auf jeden Fall meine beste Freundin!

Wenn ich bei euch bin, ist Jens ist immer so (2) ________________ *zu* mir.

Kannst du mir vielleicht sagen, ob er überhaupt (3) ________________ *an* mir ist? Deine Meinung ist total (4) __________ *für* mich!

Liebe Grüße und bis ganz bald

Birgit

4. In der Familie

Komparativ oder nicht? Ergänzen Sie das passende Adjektiv.

ähnlich • ängstlich • großzügig • ordentlich • sparsam • ~~sportlich~~ • vernünftig

0. Mein Bruder ist bayerischer Meister im Tischtennis. So *sportlich* wie er ist keiner in unserer Familie.
1. Tanja hat vor jedem Tier Angst. Sie ist genauso ____________ wie ihre Mutter.
2. Tobias ist seinem Vater ____________ als seiner Mutter.
3. Theo ist nicht so __________ wie seine Schwester. Er gibt sein Taschengeld immer sofort aus.
4. Meine Eltern sind nicht so ____________ wie meine Oma, die mir fast jeden Wunsch erfüllt.
5. Tamara macht ständig Unsinn. Ihre Schwester ist viel ________________ als sie.
6. Tina räumt immer ihr Zimmer auf. Sie ist viel ________________ als du. Oder?

5. Irina

Ergänzen Sie das passende Personalpronomen im Dativ.

1. Wann stellst du mir endlich Irina vor? – Wann du willst, das ist <u>*mir*</u> *egal.* Ich bin _____ *sicher,* dass sie _____ *sympathisch* sein wird.
2. Können wir am Samstag bei euch vorbeikommen? – Samstag wäre _____ nicht so *recht.* Sonntag wäre _____ *lieber.*
3. Irina lebt schon lange in Deutschland, aber manche Dinge sind _____ immer noch *fremd.* Dann ist es _____ sehr *unangenehm,* wenn sie nachfragen muss.
4. _____ ist *klar,* dass Irina ihre Familie vermisst. Denn manchmal fühlt sie sich allein oder _____ ist *langweilig.*
5. Spricht Irina eigentlich Deutsch? – Ja, natürlich. Es ist _____ sogar sehr *wichtig,* gut Deutsch zu lernen. Wir sind _____ auch immer *behilflich,* wenn sie Fragen hat.

Kleine Hilfe: *vermissen* = etwas fehlt / *behilflich sein* = helfen

6. Die Geschichte von Paul und Paula

Verbinden Sie die Sätze mit *je ..., desto*. Achten Sie auf die Komparativformen.

0. <u>*Je öfter er sie sah, desto besser gefiel sie ihm.*</u>
   Er sah sie oft. Sie gefiel ihm gut.
1. <u>*Je besser sie ihm gefiel, desto*</u> ______________________________.
   Er musste oft an sie denken.
2. Je ______________________________.
   Er war verliebt in sie.
3. Je ______________________________.
   Er machte ihr viele Geschenke.
4. Je ______________________________.
   Er bekam viel Aufmerksamkeit von ihr.
5. Je ______________________________.
   Er machte sich große Hoffnungen.
6. Je ______________________________.
   Am Ende war seine Enttäuschung groß.

7. Freunde?

A. Ergänzen Sie die passende Präposition.

1. Veronika ist *von* ihrer Freundin Katrin *enttäuscht*. Sie glaubt, dass Katrin ___ ihrem Bruder *interessiert* ist und nur deswegen *nett* ____ ihr ist. Findest du das *fair* ______ Katrin?
   an • ~~von~~ • von • zu

2. Heute Nachmittag war ich ______ Jan *verabredet*. Natürlich ist er mal wieder nicht gekommen. Das ist *typisch* ______ ihn und *schlecht* ______ unsere Freundschaft!
   für • für • mit

3. Michaela ist ______ allen sehr *beliebt*. Ich bin auch ______ ihr *befreundet*. Und ich weiß, dass Simon und Steffen *verliebt* ____ sie sind.
   bei • in • mit

4. Warum bist du so *wütend* ______ Thomas? War er wieder *unfreundlich* ____ dir? Vielleicht war er nur *müde* ______ der Arbeit.
   auf • von • zu

B. Ergänzen Sie die Fragewörter mit den passenden Präpositionen.

1. *Von wem* ist Veronika enttäuscht? ____ ______ ist Katrin interessiert?
   ____ ______ ist sie nett? ________ ______ ist das unfair?
2. ______ ______ war Jan verabredet? ______ ______ ist dieses Verhalten typisch?
3. ______ ______ ist Michaela beliebt? ______ ______ ist sie befreundet?
   ____ ______ sind Simon und Steffen verliebt?
4. ______ ______ bist du so wütend? ______ ______ war Thomas unfreundlich?

8. Wahre Liebe

Was gehört zusammen? Ordnen Sie zu.

0. Ich habe [e]
1. Ich bleibe [ ]
2. Ich bin verrückt [ ]
3. Ich bin krank [ ]
4. Ich lasse [ ]
5. Du bist alles [ ]

a. nach dir.
b. dich nicht allein.
c. vor Liebe und Eifersucht.
d. für mich.
~~e.~~ dich lieb.
f. dir treu.

9. Wunschlos glücklich

A. Ergänzen Sie das passende Adjektiv auf *–los*.

arbeitslos • erfolglos • ~~heimatlos~~ • hoffungslos • problemlos • wertlos • wunschlos

0. Mein Freund Abdul musste sein Land verlassen und fühlt sich jetzt *heimatlos*.
1. Im Moment sucht er Arbeit. Ich hoffe, dass er nicht lange ________________ bleibt.
2. Leider ist seine Berufsausbildung in Deutschland absolut ____________ und er muss wieder von vorne anfangen.
3. Seit Wochen lernt er fleißig Deutsch. Man kann sich mit ihm schon ________________ auf Deutsch unterhalten.
4. Manchmal empfindet er seine Lage als ___________________, aber dann fasst er schnell wieder neuen Mut.
5. Bis jetzt waren alle Bewerbungen _______________. Aber morgen hat er ein Vorstellungsgespräch bei einer Elektronik-Firma.
6. Wenn er die Stelle dort bekommt, wird er ________________ glücklich sein.

B. Wie werden die Adjektive aus *A* gebildet? Ergänzen Sie die Tabelle.

Adjektiv	Nomen	(+ *s*)	
heimatlos	*(ohne) Heimat*		
arbeitslos	*(ohne) Arbeit*	*+ s*	
			+ *-los*

10. Ereignisse aus dem Leben

Schreiben Sie das Zahlwort.

1. Beim *ersten* *(1.)* Kuss war ich fünf Jahre alt. Beim ____________ *(2.)* Kuss war ich zehn Jahre älter.
2. Ich bin ____________ *(2x)* durch die Fahrprüfung gefallen. Beim ____________ *(3.)* Mal habe ich endlich bestanden.
3. Meine Freundin war ____________ *(4x)* hessische Meisterin im Hochsprung. Den ____________ *(4.)* Titel errang sie an ihrem ______________________________ *(25.)* Geburtstag.
4. Am ____________ *(7.)* August 2011 hat mein Bruder geheiratet und am selben Tag haben unsere Eltern ihren __________________ *(30.)* Hochzeitstag gefeiert.
5. Meine Oma war zufällig der ________________________ *(100.)* Besucher der Rosenschau und hat ____________________ *(100)* Euro gewonnen.
6. Ich kenne in München einen Reiseleiter, der aussieht wie König Ludwig *II.* / ______ ____________ und fast alle Einzelheiten aus Ludwigs Leben kennt.

Kleine Hilfe: *erringen/errang* = gewinnen / *e Rose* = schönste Blume

11. Kurze Fragen und Antworten

Was passt? Ergänzen Sie die Lücken in den Dialogen.

0. Wie geht's dir? – Danke, alles *bestens*. Und dir?
1. Trinken wir einen Kaffee zusammen? – Gern, aber ich muss ________________ um fünf zu Hause sein.
2. Kommst du heute Abend auch zu unserem Grillfest? – Ja, aber ich kann _______________ zwei Stunden bleiben.
3. Zum Glück ist das Wetter schön! – ______________ regnet es ja, wenn wir grillen wollen.
4. Hast du was von Maria gehört? – Die habe ich ______________ in der Stadt gesehen.
5. Sie ist also wieder gesund. – Ja, aber sie soll _________________ einmal pro Woche zur Physiotherapie gehen.
6. Hast du jetzt den Job bekommen? – Weiß ich noch nicht, das erfahre ich ________________ nächste Woche.
7. Bewirb dich doch auch! – Dafür ist es wohl zu spät. ____________ brauchen die niemanden mehr und ______________ bin ich mit meinem Job zufrieden.

~~bestens~~
spätestens

meistens
höchstens

letztens
mindestens

erstens
zweitens
frühestens

12. Eine Liebesgeschichte

Was passt? Ergänzen Sie die Lücken.

die ganze Geschichte • ganz klassisch
ganz nett • ganz verrückt • ~~ganz durch Zufall~~

0. Sie haben sich *ganz durch Zufall* in der U-Bahn kennengelernt.
1. Soll ich dir ________________ erzählen?
2. Sie fand ihn am Anfang ________________, mehr nicht.
3. Dann war sie ________________ nach ihm.
4. Nach drei Monaten hat er ________________ um ihre Hand angehalten.

voll und ganz • den ganzen Tag • ihr ganzes Geld • ganz in Weiß

5. Ein halbes Jahr später haben sie ________________ geheiratet.
6. Für die Hochzeit haben die Eltern fast ________________ ausgegeben.
7. Aber es war ein wunderschönes Fest, das alle ________________ genossen haben.
8. Sogar die Sonne hat ________________ geschienen.

ganz der Vater • ganz verliebt • das Ganze • die ganze Familie

9. ________________ ist jetzt zehn Jahre her.
10. Die beiden sind immer noch ________________.
11. Sie haben drei Söhne, die alle drei ________________ sind.
12. Vielleicht lernst du eines Tages ________________ kennen!

13. Bekannt oder nicht?

Was gehört zusammen? Ergänzen Sie die Sätze.

0. Ist der Hochzeitstermin [a]
1. Darf ich Sie mit meinem Mann [ ]
2. Wir möchten die Geburt unserer Tochter [ ]
3. Von einer Taufe ist [ ]

~~a.~~ schon bekannt?
b. bekannt geben.
c. bekannt machen?
d. mir nichts bekannt.

4. Das Schlosshotel ist ☐
5. Der Hoteldirektor ist ☐
6. Wir haben das Hotel schon ☐

e. mir persönlich bekannt.
f. für seinen Service bekannt.
g. unseren Bekannten weiterempfohlen.

7. Mein Sohn ist in der ganzen Schule ☐
8. Es gibt nur wenige Lehrer, denen er nicht ☐
9. Was mein Sohn von der Schule erzählt, ☐

h. bekannt ist.
i. kommt mir bekannt vor.
j. bekannt wie ein bunter Hund.

10. In Deutschland ist sie bereits ☐
11. Sie spielt in vielen ☐
12. Aber sie möchte auch international ☐

k. bekannt werden.
l. bekannten Fernsehserien mit.
m. als Schauspielerin bekannt.

Zusatzaufgabe: Wie würden die Sätze in Ihrer Muttersprache lauten?

14. Hochzeit hoch drei

Was passt? Ergänzen Sie die Lücken in folgendem Dialog.

das Beste • das Einzige • ~~das Neueste~~ • einen Neuen
was *(ugs. = etwas)* Interessantes • das Verrückteste • das Wichtigste

■ Weißt du schon (0) *das Neueste*?

● Nein. Gibt es (1) ______________________?

■ Und ob! Leo will heiraten! (2) ______________ kommt aber noch: Er heiratet nicht seine Freundin Maja, sondern irgendeine Urlaubsbekanntschaft.

● Der spinnt wirklich!

■ Und weißt du, was (3) ______________________ ist? Maja heiratet auch und zwar Leos Bruder.

● Aber der wollte doch Anna heiraten.

■ Jetzt nicht mehr. Aber ich habe gehört, dass Anna auch schon (4) ______________ hat, den sie heiraten will.

● Das wird mir langsam zu kompliziert. (5) ______________, was ich verstanden habe, ist, dass alle heiraten.

■ Das ist auch (6) ______________________. Jetzt sind wir auf drei Hochzeiten eingeladen!

15. Herr Maierhuber ist gestorben.

Ergänzen Sie das passende Nomen mit der richtigen (Adjektiv-)Endung.

r Angehörige • r Anwesende • r ~~Bekannte~~ • r Tote • r Trauernde
r Verstorbene • r Verwandte • r Vorsitzende

Sie kennen Herrn Maierhuber nicht?
Er ist letzte Woche in hohem Alter gestorben. Er war ein alter (0) *Bekannter* meines Vaters. Zur Beerdigung sind viele Freunde und (1) ________________ von ihm erschienen, natürlich auch seine Familie und alle (2) ____________________. Herr Maierhuber war viele Jahre lang (3) ____________________ des Schützenvereins. Unter den (4) ________________ waren zahlreiche Mitglieder des Schützenvereins. Zu Ehren des (5) ____________________ hat die Dorfkapelle gespielt. Das war sehr schön, aber auch traurig. Die meisten (6) __________________ kannten Herrn Maierhuber seit Jahrzehnten. Der (7) ___________________ war bei allen sehr beliebt und geschätzt. Schade, dass Sie Herrn Maierhuber nicht gekannt haben!

16. Ich liebe sie beide.

Ergänzen Sie *beide* mit der richtigen Endung.

0. Ich habe zwei Freundinnen, die mir *beide* gleich gut gefallen.
1. Mit __________ war ich schon im Urlaub, natürlich nicht gleichzeitig.
2. Die __________ Frauen kennen sich aber nicht und wissen auch nichts voneinander.
3. Alle _________ sind hübsch, intelligent und sportlich. Wie soll man sich da entscheiden?
4. _________ Frauen lieben mich.
5. Ich kenne auch die Familien __________ Frauen.
6. Am liebsten würde ich sie _________ heiraten. Aber das geht ja nicht!
7. Manchmal denke ich, dass ich meinen __________ Frauen die Wahrheit sagen muss.
8. Aber dann würde ich zumindest eine der __________ verlieren.
9. Soll ich mit den __________ sprechen oder soll ich mein Leben weiter genießen?
10. __________ gleichzeitig ist nicht möglich.
11. Die __________ schönen Frauen haben es mir angetan!

Kleine Hilfe: *Sie haben es mir angetan.* = Sie faszinieren mich. Ich kann sie nicht loslassen.

17. Extreme

Bilden Sie Adjektivkomposita und ergänzen Sie die Lücken. Achten Sie auf die Endungen.

0. Die Frau, die ich heirate, muss *bildhübsch* sein.
1. Im Moment laufen mir nur ____________ Mädchen über den Weg.
2. Mann, den ich suche, muss ____________ sein.
3. ____________ Typen interessieren mich nicht.

bild- pott-
-hässlich -hübsch

bettel- stein-
-arm -reich

4. Ich wähle nur jemanden, der ____________ ist und dem ich hundert Prozent vertrauen kann.
5. Wer ____________ tut und Märchen erzählt, hat keine Chancen bei mir.

grund- schein-
-ehrlich -heilig

6. Der Mann meines Lebens soll ____________ sein.
7. Die Frau meines Lebens darf nicht ____________ sein.

bären- riesen-
-groß -stark

Ich bin schon *hundemüde* vom langen Suchen!

18. Meine Freundin in Farben

Ergänzen Sie das passende Farbadjektiv mit der richtigen Endung.

Darf ich euch meine Freundin Angelina vorstellen?

Sie hat (0) *himmelblaue* Augen *(wie der Himmel)* und (1) ____________ Haare *(wie Pech)*. Ihre Haut ist (2) ____________ *(wie Schnee)*, aber ihr Gesicht kann (3) ____________ *(wie Feuer)* werden. Sie liebt ihre (4) ____________ Hose *(wie Gras)* und ihr (5) ____________ T-Shirt *(wie Zitronen)*. Meine Freundin ist wirklich keine (6) ____________ Maus!

~~blau~~ • gelb • grau • grün • rot • schwarz • weiß

19. Augen und Ohren auf!

A. Ergänzen Sie das passende Adjektiv mit der richtigen Endung.

1. Auch wenn Marina dir *schöne* Augen macht, musst du einen ________ Kopf bewahren. Sie wickelt dich sonst ganz schnell um den ________ Finger. Und dann wird sie dir die ________ Schulter zeigen und kein ________ Haar an dir lassen. Aufpassen!
   gut • kalt • klein • kühl • ~~schön~~

2. Streng dich an! Du darfst die Prüfung nicht auf die ________ Schulter nehmen und den ganzen Tag auf der ________ Haut liegen. Am Ende bekommst du noch ________ Füße. *faul • kalt • leicht*

3. Anton hat eine ________ Zunge. Man darf das, was er sagt, nicht in den ________ Hals bekommen. *falsch • spitz*

4. Du weißt, dass ich immer ein ________ Ohr für dich habe. Wenn du mir ________ Hand lässt, kann ich dir sicher helfen. *frei • offen*

B. Was bedeuten die Redewendungen aus *A*? Ordnen Sie zu.

a. Er macht oft böse Bemerkungen, aber man darf das nicht so ernst nehmen. ☐
b. Ich bin immer für dich da. Lass mich nur machen! ☐
c. Glaub ihr ja nicht! Sie will dich zwar für sich gewinnen, aber in Wirklichkeit hat sie kein Interesse an dir und wird nur schlecht über dich reden. ☐
d. Du solltest die Prüfung ernst nehmen und lieber lernen, statt faul zu sein. Sonst bekommst du nur Stress. ☐

20. Viel zu schön, um wahr zu sein!

***So* oder *zu*? Setzen Sie ein.**

0. Ich bin *so* verliebt in ihn!
1. Bis ich ihn traf, war ich viel ____ lang allein.
2. Aber es stimmt: Es ist nie ____ spät für die große Liebe.
3. Das Leben ist ____ schön mit ihm!
4. Die Zeit mit ihm vergeht immer viel ____ schnell.
5. Er sieht ____ gut aus! Ich muss dir mal ein Foto zeigen.
6. Außerdem ist er ____ romantisch! Er schenkt mir jeden Tag Rosen.
7. Wir passen ____ gut zusammen, findest du nicht auch?
8. Tut mir leid, aber ich sehe das anders: Der Mann ist ____ alt für dich und du bist ____ naiv. Nimm das alles bitte nicht ____ ernst!

C. Wohnen und Essen

1. Das gefällt mir nicht!
2. Für meine neue Wohnung
3. Frühstück
4. Mietmarkt
5. Im Restaurant
6. Speisekarte
7. Umzug
8. E-Mail aus dem neuen Haus
9. Kommentare
10. Nudelsalat
11. Ein schwieriger Gast
12. Bestellen und bezahlen
13. Drei Kilo Äpfel
14. Im Nobelrestaurant
15. Im Feinkostladen
16. Diät
17. Spezialitäten aus deutschsprachigen Ländern

1. Das gefällt mir nicht!

A. Welches Adjektiv bedeutet das Gegenteil? Ordnen Sie zu.

groß • ~~hell~~ • hübsch • lang • neu • niedrig • sauber • voll • weich

0. Die Wohnung ist aber dunkel ↔ *hell*!
1. Das Bild ist aber hässlich ↔ ___________!
2. Der Tisch ist aber klein ↔ _______!
3. Der Stuhl ist viel zu hoch ↔ ____________!
4. Der Teppich ist ja alt ↔ _____!
5. Der Sessel ist aber hart ↔ _________!
6. Das Bett ist aber kurz ↔ _______!
7. Das Bad ist aber schmutzig ↔ __________!
8. Der Kühlschrank ist ja leer ↔ ______!

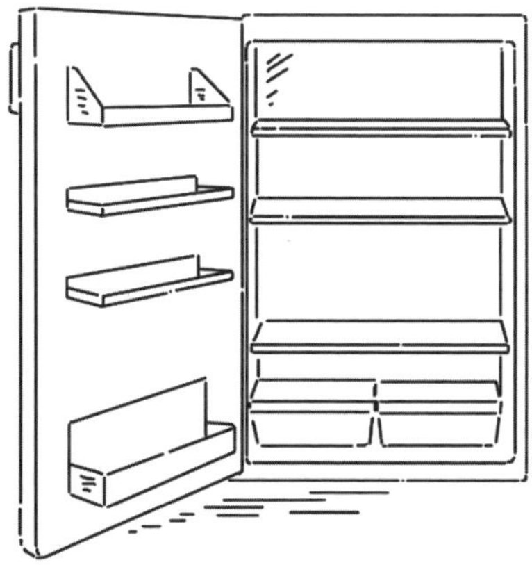

B. Ergänzen Sie die Lücken mit den Adjektiven aus *A* im Nominativ und Akkusativ.

1. Di(e) *dunkle* Wohnung von Lisa gefällt mir nicht. Ich suche eine ________ Wohnung.
2. Das _______________ Bild kommt jetzt endlich in den Keller.

   Ich nehme lieber ein ______________ Foto von meinen Eltern.
3. Der ______ Teppich ist nicht mehr schön. Kauf dir doch einen _________!
4. Der ________ Sessel ist gut für den Rücken. Den ____________ Sessel kannst du vergessen.
5. Putz bitte mal das _________________ Bad. Ich gehe nur in ein ______________ Bad.

C. Markieren Sie in *B* die Signale.

2. Für meine neue Wohnung

A. Ergänzen Sie die Adjektivendungen im Plural.

Für meine neue Wohnung brauche ich noch ...

1. ... einen Fernseher. Die neu*en* Fernseher *(Akk.)* mit den groß____ Bildschirmen *(Dat.)* finde ich super. Dafür habe ich aber im Moment zu wenig Geld.
2. ... einen Schreibtisch, auf dem man Platz hat. Viel__ Schreibtische *(Nom.)* sind einfach zu klein und die üblich____ Büroschreibtische *(Nom.)* gefallen mir nicht.
3. ... eine Waschmaschine. Gut*e* Waschmaschinen *(Nom.)* sind leider sehr teuer und von den billig____ *(Dat.)* halte ich nichts.
4. ... eine Stehlampe für das Wohnzimmer. Bis jetzt habe ich nur langweilig__ Lampen *(Akk.)* gesehen. Kennst du vielleicht ein Geschäft mit toll____ Lampen *(Dat.)*?
5. ... Pflanzen. Die alt____ Pflanzen *(Akk.)* habe ich einem Freund gegeben.
6. ... ein paar Bilder. Mit den modern____ Bildern *(Dat.)*, die man in den Geschäften sieht, kann ich aber nicht viel anfangen. Vielleicht hänge ich auch nur schön__ Fotos *(Akk.)* auf.

B. Ergänzen Sie die Regeln für die Adjektivendungen im Plural.

1. Das Adjektiv hat im Nominativ und Akkusativ Plural nach einem Artikelwort die Endung ______, ohne Artikelwort *(= nach Nullartikel)* die Endung ____.
2. Das Adjektiv hat im Dativ Plural immer die Endung ______.

3. Frühstück

Ergänzen Sie die starke [ ] oder die schwache ___ Adjektivendung.

1. Haben wir noch frisch[*es*] Obst fürs Müsli? – Ich glaube, wir haben das ganz__ Obst schon gegessen.
2. Es ist noch grün[ ] Tee da. Trinkst du grün[ ] Tee? – Danke, ich mache mir lieber einen heiß____ Kakao.
3. Du musst eine neu__ Milch aufmachen. Die alt __ Milch habe ich gerade leer gemacht.
4. Willst du auch ein weich[ ] Ei? – Ja, gerne, danke.
5. Die neu__ Marmelade schmeckt gut. Sie ist nicht zu süß. – Ich esse morgens lieber mager[ ] Käse. – Mager[ ] Käse schmeckt doch nicht!
6. Müsli, Marmelade, Ei, Kakao ... Da bekommt man ja einen viel zu voll____ Bauch!

4. Mietmarkt

**A. Streichen Sie das Nomen, das nicht passt.
Orientieren Sie sich an den starken Adjektivendungen im Nominativ und Dativ.**

1. Helle *Wohnung* • ~~*Zimmer*~~ mit großem *Balkon* • *Terrasse*
2. Einzelne *Büroraum* • *Büroräume* in guter *Lage* • *Zustand*
3. Kleiner *Geschäft* • *Laden* in lebendigem *Einkaufszentrum* • *Innenstadt*
4. Renovierter *Altbau* • *Wohnung* mit neuer *Bad* • *Küche*
5. Schönes *Stadthaus* • *Wohnung* in ruhigem *Lage* • *Viertel*
6. Moderne *Haus* • *Wohnung* mit eigenem *Garage* • *Garten*
7. Möbliertes *Laden* • *Zimmer* mit kleinem *Balkon* • *Küche*
8. Preiswertes *Büro* • *Häuser* in zentraler *Lage* • *Ort*
9. Mehrere *Geschäft* • *Wohnungen* in neuem *Lage* • *Mietshaus*
10. Typische *Altbauwohnung* • *Haus* mit hohen *Dach* • *Räumen*

Kleine Hilfe: *r Balkon / s Bad / r Bau / s Büro / s Dach / e Ecke / e Garage / r Garten / s Geschäft / s Haus / r Keller / e Küche / r Laden / e Lage / r Ort / r Raum / e Stadt / e Terrasse / s Viertel / e Wohnung / s Zentrum / s Zimmer / r Zustand*

B. Ordnen Sie die Adjektive aus *A* in die Tabelle ein und markieren Sie die starken Endungen.

Singular	Nominativ	Dativ
m		
f	*hell(e),*	
n		
Plural		

5. Im Restaurant

Umlaut oder nicht? Ergänzen Sie den Komparativ mit der richtigen Endung.

0. *jung* Kennst du den *jüngeren* Herrn, der gegenüber von uns sitzt?
1. *brav* Die Kinder dort am Tisch sind viel __________ als meine kleine Schwester.
2. *bunt* Die Dekoration ist viel __________ als früher.
3. *zart* __________ Fleisch als hier habe ich nirgendwo gegessen.
4. *scharf* Manchmal könnten die Saucen etwas __________ sein.
5. *stark* Auch den Espresso mag ich gern etwas __________.
6. *warm* An __________ Tagen kann man auch draußen sitzen.
7. *klar* Nur die Speisekarte mit den Preisen könnte etwas __________ sein.

Kleine Hilfe: *zart* = hier: nicht hart

6. Speisekarte

Ergänzen Sie das passende Nomen mit der richtigen Endung.

Vorspeisen

Gemischter (0) *Salat*
mit hausgemachtem (1) __________

Bunter (2) __________
mit gebratenen (3) __________

Zwiebelsuppe französischer (4) __________

Hauptgerichte

Überbackene (5) __________
mit frischen (6) __________

Schweinefilet mit Bratkartoffeln
und buntem (7) __________

Lachsfilet in feiner (8) __________

Nachspeisen

Vanilleeis mit heißen (9) __________

Warmer (10) __________ mit Sahne

Gemischtes (11) ______ mit frischen (12) __________

e Art • r Blattsalat • s Dressing • Garnelen (Pl.)

e Garnele = 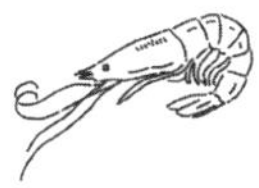

s Gemüse • e Hähnchenbrust • Kräuter (Pl.) • e Sahnesauce

Kräuter (Pl.) = 

s Lachsfilet = 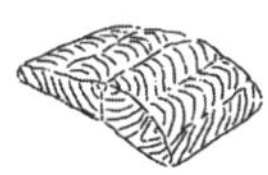

r Apfelstrudel • s Eis • Früchte (Pl.) • Himbeeren (Pl.)

r Apfelstrudel = 

7. Umzug

Bilden Sie Sätze.

0. Uns ist jede Hilfe recht.
   ist • uns • Hilfe • recht • jede
1. ______________________________
   ähnlich • neue • Wohnung • der • die • ziemlich • alten • ist
2. ______________________________
   nicht • ist • Hausmeister • mir • besonders • der • sympathisch
3. ______________________________
   alten • wert • keinen • einzigen • Möbel • die • mehr • Euro • sind
4. ______________________________
   drei • lang • unser • Meter • Schlafzimmerschrank • ist
5. ______________________________
   die • zwei • Küche • breit • ist • Meter • nur
6. ______________________________
   Mann • das • egal • meinem • mir • ist • aber • und
7. ______________________________
   für • sind • euch • eure • Hilfe • wir • dankbar • sehr

8. E-Mail aus dem neuen Haus

Was ist richtig? Streichen Sie *wie* oder *als*.

Liebe Marie,

alles ging (0) *viel schneller ~~wie~~/als geplant*. Wir sind bereits umgezogen und wohnen seit Mai in unserem neuen Haus. Es gefällt uns noch (1) *besser wie/als erwartet*! Der Garten ist traumhaft. Wir essen (2) *so oft wie/als möglich* auf der Terrasse und genießen den Blick ins Grüne. Es ist auch nicht (3) *so laut wie/als befürchtet*. Der Straßenlärm ist dank der Bäume (4) *so gut wie/als nicht zu hören*. In unserer High-Tech-Küche macht mir das Kochen (5) *so viel Spaß wie/als nie zuvor*. Und wir genießen die Mahlzeiten (6) *mehr wie/denn je*! Morgen muss ich leider wieder ins Büro. (7) *Anders wie/als sonst* werde ich aber nicht im Stau stehen.
Ihr müsst uns (8) *so bald wie/als möglich* besuchen kommen. Für euch haben wir (9) *so gut wie/als immer* Zeit!

Liebe Grüße und bis ganz bald
Martina

9. Kommentare

Ergänzen Sie nach *(et)was* oder *nichts* den passenden nominalisierten Komparativ.

Sie suchen eine neue Wohnung. Ihre Freunde beraten Sie.

0. Gefällt dir wirklich die unrenovierte Altbauwohnung?
   Ich dachte, du wolltest *was* *Moderneres*.
1. Ich würde die Wohnung am Stadtrand nehmen.
   Was ______________ findest du nicht.
2. Mir gefällt die Wohnung nicht, ich finde sie sogar absolut hässlich.
   Ich würde *was* ________________ suchen.
3. Die Wohnung in der Innenstadt ist ganz schön teuer.
   Gibt es *nichts* ________________?
4. Außerdem hat sie nur zwei Zimmer.
   Ich dachte immer, du wolltest *was* ______________.
5. Nimm auf keinen Fall die Wohnung aus den 70er Jahren.
   Ich finde *was* ____________ besser.
6. Ich weiß nicht, was ich dir raten soll.
   Frag mich *was* ________________!

besser
billiger
größer
leichter
~~moderner~~
neuer
schöner

10. Nudelsalat

A. Ergänzen Sie das passende Partizip.

~~kochendes~~ • gekochte • gekochten • schneidendes • geschnittene • würzenden • gewürzte

0. Nudeln in *kochendes* Salzwasser geben und 8 bis 12 Minuten kochen
1. hart ______________ Eier und ________________ Schinken in kleine Stücke schneiden
2. eine fein _____________________ Zwiebel zugeben
3. wichtig: ein gut _____________________ Gemüsemesser benutzen
4. zum Schluss die Soße mit _______________ Kräutern abschmecken und
5. die fein ______________ Salatsoße über die Nudeln gießen

B. Ordnen Sie die Partizipien aus *A* in die Tabelle ein und ergänzen Sie den Infinitiv.

Partizip I / Präsens	Partizip II / Perfekt	Infinitiv
kochend,		

11. Ein schwieriger Gast

Ergänzen Sie das passende Partizip. Achten Sie auf die Endungen.

~~frisch gekocht~~ stark gewürzt
selbst gebacken selbst gemacht
gut gekühlt knusprig gebraten
tiefgefroren weich gekocht

0. Ist das Gemüse *frisch gekocht*? Ich esse nämlich nur *frisch gekochtes* Gemüse.
1. Ist die Soße ____________________? ________ ____________ Soßen vertrage ich nicht.
2. Ist der Kuchen ____________________? __________ ______________ Kuchen esse ich am liebsten.
3. Ist die Marmelade ____________________? Bei uns gibt es zum Frühstück immer ____________________ Marmelade.
4. Ist der Weißwein ________________? Zu Fischgerichten gehört ein __________________ Weißwein.
5. Ist die Ente ________________________? Nur ________ ________________ Ente schmeckt wirklich lecker.
6. Das Ei ist hoffentlich nicht zu ____________________? Zu ____________________ Eier laufen nämlich aus.
7. Das Gemüse ist ja noch ________________! ____________________ Gemüse mag ich nicht essen.

12. Bestellen und bezahlen

Ergänzen Sie das Zahlwort mit dem Nomen im Singular oder Plural. Schreiben Sie das Zahlwort aus.

1. Sie möchten zahlen? – Ja, wir hatten *fünf Bier* *(s Bier/5)* und ______________ *(s Radler/3)*. Das war alles.
2. Was bekommen Sie? – ____________ *(s Stück/1)* Apfelkuchen und ________________________ *(Erdbeerkuchen/2)*.
   Und ____________________ *(s Kännchen/2)* Kaffee, bitte.
3. Bei Ihnen waren es ______________ *(s Glas/2)* Tee und ________________ *(e Tasse/3)* Kaffee. Stimmt das? – Richtig! ____________ *(r Tee/2)*, ________________ *(r Kaffee/3)*.
4. Was darf es bei Ihnen sein? – ______________ *(s Viertel/1)* Rotwein und ____________________________ *(r doppelte Espresso/2)*
5. Wir möchten bitte zahlen. Wir hatten ____________________ *(s gemischte Eis/3)* mit ________________ *(e Portion/2)* Sahne und ________________________ *(s Mineralwasser/3)*.

Kleine Hilfe: *s Radler* = Bier + Zitronenlimonade

13. Drei Kilo Äpfel

Ergänzen Sie nach dem Zahlwort das passende Nomen im Singular oder Plural.

s Pfund • s ~~Kilo~~ • e Kiste

1. Wir brauchen Äpfel. Ich kaufe drei *Kilo*. Was meinst du? – Im Keller steht doch noch eine ________ Äpfel. Kauf lieber ein ________ Erdbeeren.

e Flasche • r Kasten • r Liter

2. Haben wir noch Bier? – Ich glaube, es sind nur noch drei ____________ da. Außerdem stehen noch zwei leere __________ herum, die wir zurückbringen müssen. Aber wir müssen ja nicht immer Bier trinken. Im Schrank habe ich noch zwei ________ Orangensaft gesehen.

e Dose • s Paar • r Salatkopf

3. Im Kühlschrank sind noch vier _______ Würstchen und zwei ______________. – Und im Regal stehen noch zwei ________ Mais. Rate mal, was es heute abend zu essen gibt?

r Beutel • r Sack • e Scheibe

4. Ich gehe noch schnell einkaufen. Reichen zehn ____________ Schinken und drei __________ Reis für den Reissalat? – Ich glaube schon, aber wir wollten doch Kartoffelsalat zum Grillfest mitbringen. Ich habe zwei ________ Kartoffeln gekauft.

r Löffel • s Stück *(3x)* • e Tasse *(2x)*

5. Bist du verrückt? Nimmst du wirklich fünf ________ Zucker in den Kaffee? – Natürlich! – Fünf ________ oder vier _________ Zucker. Außerdem trinke ich immer nur eine ________ Kaffee und du trinkst fünf _________ mit je einem ________ Zucker.

r Becher • s Gramm • e Prise • r Teelöffel

6. In den Marmorkuchen muss noch eine ________ Salz. Dann fehlen nur noch 250 _________ Mehl und eineinhalb ______________ Backpulver. Wenn der Kuchen fertig ist, können wir noch einen __________ Sahne schlagen.

14. Im Nobelrestaurant

A. Ergänzen Sie die Sätze.

0. Bei uns *können Sie die ausgefallensten Menüs bestellen.*
   bestellen • Menüs • Sie • die • können • ausgefallensten

1. Wir ____.
   Ihnen • zarteste • servieren • das • Fleisch

2. Bei uns ____.
   Fisch • nur • gibt • den • es • frischesten

3. Wir ____.
   raffiniertesten • die • haben • Desserts

4. Hier ____.
   Sie • die • exotischsten • essen • Früchte • können

5. In unserem Weinkeller ____.
   die • lagern • Weine • erlesensten

6. Zu uns ____.
   die • Leute • kommen • kultigsten

Kleine Hilfe: *ausgefallen* = selten, besonders / *erlesen* = ausgezeichnet / *exotisch* = aus fernen Ländern, ungewöhnlich / *e Frucht, Früchte (Pl.)* = Obst / *kultig* = „in" / *raffiniert* = fein, wunderbar

B. Ordnen Sie die Superlative in die Tabelle ein.

Superlativ *-st-*	Superlativ *-est-*
ausgefallensten,	

15. Im Feinkostladen

Was passt? Ergänzen Sie die Lücken.

0. Wir verkaufen nur *beste* Qualität.
1. Unsere Produkte genügen ____________ Ansprüchen.
2. Wir geben uns __________ Mühe, Ihre Wünsche zu erfüllen.
3. Unsere Feinkostsalate kann ich Ihnen ______________ empfehlen.
6. Schauen Sie sich ______________ einmal unsere Homepage an.
4. Kommen Sie am __________ einfach mal vorbei!

~~beste~~
größte
höchsten
besten
wärmstens
wenigstens

16. Diät

Bilden Sie Adjektiv-Attribute mit *-arm* oder *-reich*. Achten Sie auf die Endungen.

Wir versuchen, uns möglichst gesund zu ernähren. So sieht unser Speiseplan aus:

0. Mahlzeiten mit *wenig* Kalorien — kalorienarme Mahlzeiten
1. Lebensmittel mit *vielen* Ballaststoffen ______
2. Produkte mit *vielen* Nährstoffen ______
3. Essen mit *viel* Abwechslung ______

4. Frühstück, das *viel* Energie liefert ______
5. Fleisch mit möglichst *wenig* Fett ______
6. Fischgerichte mit *viel* Eiweiß ______

7. Säfte mit *vielen* Vitaminen ______
8. Getränke mit *vielen* Mineralien ______
9. Getränke mit *wenig* Alkohol ______

10. Gemüse mit möglichst *wenigen* Schadstoffen ______
11. Margarine mit möglichst *wenig* Cholesterin ______
12. Speisen mit möglichst *wenig* Salz ______

17. Spezialitäten aus deutschsprachigen Ländern

A. Ergänzen Sie das passende Adjektiv.

Entdecken Sie berühmte Gerichte aus Deutschland, Österreich und der Schweiz:

Linzer • Salzburger • ~~Wiener~~

1. Das *Wiener* Schnitzel ist in vielen Sprachen bekannt und wird überall gern gegessen. Wer ein süßes Hauptgericht bevorzugt, sollte einmal ________________ Nockerln bestellen. Sie werden aus Butter, Zucker und Mehl gemacht. Ebenfalls weltberühmt ist die __________ Torte. Originalrezepte reichen bis ins 17. Jahrhundert zurück.

Basler • Berner • Züricher

2. Wer gern Kartoffelgerichte isst, dem kann man __________ Rösti sehr empfehlen. Sie werden auch zu _____________ Geschnetzeltem gereicht, in Streifen geschnittenem Kalbfleisch in leckerer Sauce. Ein traditionelles Gebäck sind die __________ Leckerli. Sie sind aus Mehl, Honig, Gewürzen und Nüssen und schmecken so, wie sie heißen.

Nürnberger • Schwarzwälder • Thüringer

3. In der Weihnachtszeit dürfen sie nicht fehlen, die ________________ Lebkuchen. Sie werden jährlich in die ganze Welt verschickt. Kennen Sie die berühmte ____________________ Kirschtorte? Sie besteht aus dunklen Teigschichten, die mit Sahne und Kirschen gefüllt sind. Nicht süß, aber genauso gut schmeckt die _______________ Rostbratwurst.

B. Wie heißen die Städte und Regionen? Ergänzen Sie die Tabelle.

Österreich		Schweiz		Deutschland	
Linzer	*Linz*	Basler		Nürnberger	
Salzburger		Berner		Schwarzwälder	
Wiener		Züricher		Thüringer	

Zusatzaufgaben: 1. Suchen Sie die Städte und Regionen auf der Landkarte.
2. Finden Sie weitere Spezialitäten mit einem Adjektiv, das die Herkunft bezeichnet.

D. Alltag und Gesundheit

1. Wo ist ...?
2. Was hilft bei ...?
3. Was man so trägt
4. Im Einkaufszentrum
5. Handy, Jacke und Schal
6. Kleinanzeigen
7. Kaputt
8. Die Entscheidung
9. Was ist los?
10. Krank im Bett
11. Beim Kinderarzt
12. Unfall vor der Schule
13. Gesundheitliche Probleme
14. Funktionskleidung
15. Was Werbung verspricht
16. Verbraucherinformationen
17. Schmerzen
18. Hochinteressant
19. Zahlen in der Alltagssprache

D

1. Wo ist ...?

A. Ergänzen Sie die Adjektivendungen im Nominativ oder Akkusativ. Achten Sie auf die markierten Kasussignale.

1. Ich suche das weiße Hemd, das mir meine Mutter geschenkt hat. – Das weiß__ Hemd ist in der Wäsche.
2. Wo ist denn nur die schwarz__ Hose, die ich gestern angehabt habe? – Deine schwarz__ Hose habe ich im Bad gesehen.
3. Würdest du mir für die Party deinen rot____ Rock leihen? – Glaubst du denn, dass dir der rot__ Rock passt?
4. Hast du vielleicht meine neu____ Schuhe gesehen? – Die neu____ Schuhe sind doch noch im Schuhkarton.
5. Ich bräuchte dringend deine gelb____ Socken. – Aber ich habe doch gar keine gelb___ Socken.
6. Hier lag doch noch vor fünf Minuten eine blau__ Jacke. – Ich wusste nicht, dass die blau__ Jacke dir gehört. Ich habe sie in die Garderobe gehängt.

B. Ergänzen Sie die Adjektivendungen im Dativ. Achten Sie auf die markierten Kasussignale.

1. Auf deinem weiß____ Hemd sind Flecken.
2. In der schwarz____ Hose ist noch mein Geldbeutel.
3. Was passt am besten zu einem rot____ Rock?
4. Willst du wirklich in den neu____ Schuhen tanzen gehen?

C. Schreiben Sie die Regeln für die schwachen Adjektivendungen. Streichen Sie, was nicht zutrifft, und ergänzen Sie, was fehlt.

1. Hat das Artikelwort *ein/kein* Kasussignal, bekommt das Adjektiv die schwache Endung _____ oder _____.
2. Das Adjektiv hat die schwache Endung ____ im Nominativ *Singular/Plural* und im Akkusativ Singular *Maskulinum und Femininum / Femininum und Neutrum*, in allen anderen Fällen ist die schwache Endung _____.

2. Was hilft bei ...?

Ergänzen Sie die starke ☐ oder die schwache ___ Adjektivendung.

1. Kannst du mir helfen? Ich suche ein gut*es* Shampoo (n) gegen fettig☐ Haar. – Keine Ahnung, ich habe keine fettig___ Haare!
2. Weißt du, was am besten bei stark☐ Kopfschmerzen hilft? – Ein Spaziergang an der frisch___ Luft oder einfach ins Bett legen und hell☐ Licht meiden!
3. Ich habe manchmal einen trocken___ Husten, der mich vor allem in der Nacht stört. – Das kenne ich! Mir hilft da immer heiß☐ Tee mit Honig.
4. Am Abend habe ich immer schwer☐ und müd☐ Beine, obwohl ich in der Arbeit nur flach☐ Schuhe trage. – Ich glaube, das passiert oft, wenn man den ganz___ Tag sitzt oder steht. Du solltest mehr Sport treiben und öfter die Beine hochlegen!
5. Vor wichtig☐ Prüfungen bin ich immer so nervös! – Ich lese dann immer ein spannend☐ Buch oder telefoniere mit meiner best___ Freundin. Bloß nicht dauernd an die kommend__ Prüfung denken!

3. Was man so trägt

A. Ergänzen Sie die richtige Komparativform mit dem unbestimmten Artikel.

0. Das ist wirklich ein *elegantes* Kleid. Du hattest noch nie *ein eleganteres*.
1. *Schick*, oder? Meine neue Sonnenbrille! Hast du schon mal

   ______________________ gesehen?
2. Isabels Tasche ist sehr *schön*. Aber ihre Schwester hat ______________________.
3. Ich finde deine Ohrringe sehr *hübsch*. ______________ wirst du nicht finden.
4. Schau mal, was für einen *hässlichen* Hut ich geschenkt bekommen habe!

   ____________________________ gibt es wohl nicht, oder?
5. Die Uhr war nicht besonders *teuer*. Ich hätte gern mal ____________________.

B. Reagieren Sie. Ergänzen Sie die richtige Superlativform.

0. Du hast Recht. Das ist von allen meinen Kleidern *das eleganteste*.
1. Nein, das ist ohne Zweifel ____________________ Sonnenbrille weit und breit.
2. Ich finde, dass deine Tasche _________________________ ist.
3. Das sind wirklich ________________________ Ohrringe, die ich je hatte.
4. Das ist tatsächlich _______________________ Hut, den man sich vorstellen kann.
5. Weißt du eigentlich, wie teuer ___________________ Uhr der Welt ist?

4. Im Einkaufszentrum

Bilden Sie aus den Relativsätzen Partizipialattribute.

0. *trinkende und essende Kinder*
   Kinder, die trinken und essen
1. ________________
   Kundinnen, die schimpfen und sich beschweren
2. ________________
   Babys, die schlafen oder schreien
3. ________________
   Kleinkinder, die herumrennen oder Eis schlecken
4. ________________
   Jugendliche, die diskutieren und streiten
5. ________________
   Paare, die Händchen halten oder sich küssen
6. ________________
   Verkäuferinnen, die schwitzen und auf die Uhr schauen

5. Handy, Jacke und Schal

Ergänzen Sie die passenden Adjektive. Achten Sie auf die Superlativformen.

1. Hast du Jans *neues* Handy schon gesehen? – Meinst du das ________? – Ja, er hat mal wieder das ________ und ________ Handy, das es gerade auf dem Markt gibt. Wenn ich da unsere ________ Handys anschaue ...

   alten
   blaue
   modernste
   ~~neues~~
   teuerste

2. Manuela trägt ihre ________ Jacke jetzt schon den ________ Winter. Schrecklich! – Gar nicht! Ich finde, dass diese Jacke die ________ ist, die sie je hatte. Außerdem sind die ________ Jacken auch nicht anders. Warum sollte sie sich eine ________ kaufen?

   aktuellen
   dritten
   grüne
   neue
   schönste

3. Wie findest du meinen ________ Schal? – Die ________ Farbe steht dir gut. Ich möchte mir einen ________ kaufen, vielleicht einen ________. – Die ________ Schals gibt es in dem Geschäft in der Kirchenstraße.

   ähnlichen
   braunen
   günstigsten
   neuen
   rote

6. Kleinanzeigen

Ergänzen Sie die Adjektivendungen.

BIETE	
Möbel	1. Bequem*es* hellgrau___ Sofa, neu__, für 400 €
2. Blau___ Kindertisch mit passend___ Stuhl gegen Abholung	3. Verkaufe schön__ Eckbank in sehr gut____ Zustand.
4. Neuwertig__ Kommode wegen Umzug zu verkaufen.	5. Alt___ Schreibtisch, Eiche massiv__, günstig abzugeben.
Unterricht	6. DaF-Lehrerin mit langjährig__ Erfahrung erteilt Einzelunterricht.
7. Englisch__ Konversation für verschieden__ Altersgruppen bei Muttersprachlerin	8. Günstig__ privat__ Nachhilfe für all__ Fächer und Klassen
9. Musikalisch__ Früherziehung bei ausgebildet___ Musikpädagogin	10. Opernsängerin gibt klassisch_____ Gesangsunterricht.

SUCHE	
Dienstleistung	11. Suche zuverlässig__ Putzfrau für mehrer__ Tage die Woche.
12. Einkaufshilfe für gehbehindert__ älter__ Dame gesucht.	13. Wir suchen eine deutschsprachig__ Haushaltshilfe mit gut___ Referenzen.
Sonstiges	14. Wer verschenkt sein alt___ Fahrrad?
15. Weiß__ Katze mit dunkl____ Pfoten entlaufen.	16. Suche gebraucht____, nicht zu alt__ Computer.
17. Freiwillig__ Teilnehmer für wissenschaftlich__ Studien gesucht.	18. Russisch__ Studentin sucht Nebenjob.

Kleine Hilfe: *DaF* = Deutsch als Fremdsprache / *e Eiche* = Baum, der sehr alt werden kann / *e Pfote* = Fuß von Hunden, Katzen usw. / *e Studie* = Untersuchung / *e Referenz* = Zeugnis, Beurteilung

7. Kaputt

Ergänzen Sie das zweite Adjektiv *vor* oder *nach* dem ersten Adjektiv. Achten Sie auf die Endungen.

0. *schön* Leos *schönes* rotes ________ Spielzeugauto ist kaputt.
1. *alt* Opas ______ goldene ______ Uhr geht nicht mehr.
2. *blau* Mein ________ schickes ________ Kleid hat ein Loch.
3. *schwarz* Unser ____________ alter ____________ Fernseher ist kaputt.
4. *neu* Theresas ________ brauner ________ Mantel hat einen Fleck.
5. *toll* Dein ________ gelbes ________ T-Shirt ist beim Waschen kleiner geworden.
6. *hübsch* Utas __________ neue __________ Kette ist gerissen.
7. *fein* Omas ________ seidenes ________ Nachthemd ist zerrissen.
8. *alt* Euer _______ schöner _______ Schrank schließt nicht mehr.

8. Die Entscheidung

Ergänzen Sie *schwer* mit oder ohne Endung an der richtigen Stelle im Satz.

schwer *(7x)* • schwere • schweren • schwerer

0. Die Entscheidung ist uns wirklich ↓ *schwer* gefallen.
1. wir haben eine Entscheidung getroffen.
2. es ist nach zwölf Jahren sehr gewesen, diese Entscheidung zu treffen.
3. in dieser Zeit ist uns kein einziger Unfall passiert.
4. zu sagen, ob es die richtige Entscheidung war!
5. wir waren in unser Auto verliebt.
6. eigentlich ist es für uns nur ersetzbar.
7. jetzt haben wir unser altes Auto Herzens verkauft.
8. unser neues Auto wird es mit uns haben.

9. Was ist los?

A. Welche Fragen passen? Ordnen Sie zu.

0. Peter hat sich hingelegt. [c]
1. Martina spricht nicht mehr mit mir. [ ]
2. Du bist ganz weiß im Gesicht. [ ]
3. Sarah hat ganz blaue Lippen. [ ]
4. Ihr schwitzt ja richtig! [ ]

a. Ist dir schlecht?
b. Ist ihr vielleicht kalt?
~~c.~~ Ist ihm nicht gut?
d. Ist euch so warm?
e. Ist sie mir etwa böse?

B. Unterstreichen Sie die Dativpronomen in *a-e*.

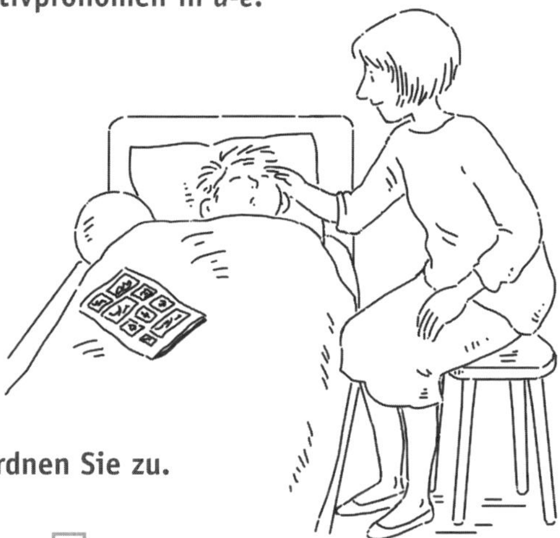

10. Krank im Bett

A. Was gehört zusammen? Ordnen Sie zu.

0. Anton ist ... [a]
1. Es fällt ... [ ]
2. Aber er findet ... [ ]
3. Das Fiebermittel macht ... [ ]
4. Der Kopf tut ... [ ]
5. Seine Mutter hat ... [ ]
6. Aber sie bleibt ... [ ]
7. Sie lässt ... [ ]
8. Werde ... [ ]

~~a.~~ krank.
b. bald wieder gesund!
c. ruhig und tröstet ihn.
d. ihm schwer, den ganzen Tag im Bett zu bleiben.
e. ihm weh.
f. ihn etwas ruhiger.
g. ihn keine Minute allein.
h. es nicht leicht mit ihm.
i. es super, dass er keine Hausaufgaben machen muss.

B. Welche Verben und Adjektive gehören zusammen? Unterstreichen Sie.

11. Beim Kinderarzt

Welches Bild passt? Ordnen Sie zu.

0. Mein Sohn hat einen juckenden Ausschlag an den Armen. [g]
1. Ist das Mädchen mit dem gebrochenen Arm ihre Tochter? [ ]
2. Meine Tochter ist hingefallen und hat jetzt eine blutende Lippe und einen wackelnden Zahn. [ ]
3. Du solltest den verstauchten Fuß möglichst wenig belasten. [ ]
4. Die tränenden Augen und die verstopfte Nase sind wahrscheinlich allergisch bedingt. [ ]
5. Die starken Halsschmerzen kommen von den entzündeten Mandeln. [ ]
6. Mein geschwollenes Knie tut so weh! [ ]

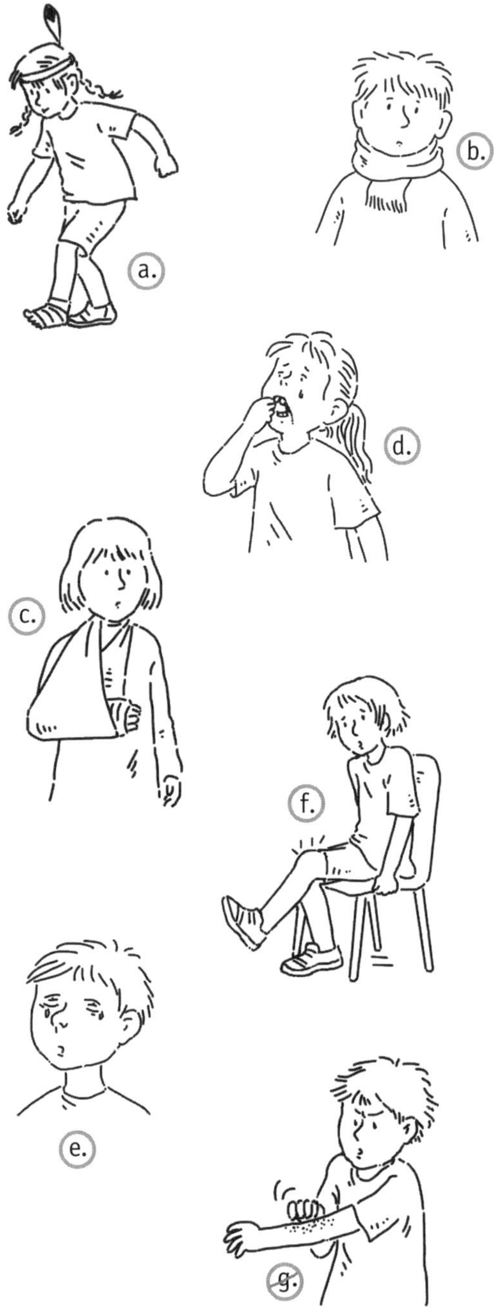

B. Ordnen Sie die Adjektiv-Partizipien in die die Tabelle ein.

Partizip I / Präsens	Partizip II / Perfekt
juckend,	

12. Unfall vor der Schule

Ergänzen Sie die fehlenden Präpositionen oder *da(r)-* + Präposition in folgendem Schülerbericht.

Nicht weit *entfernt* (0) *von* unserer Schule ist heute ein Unfall passiert. Es waren mehrere Schüler mit ihren Fahrrädern (1) ________ *beteiligt*. Jemand ist gestürzt und hat die anderen umgerissen. Es ist anscheinend nicht klar, wer *schuld* (2) ____ dem Unfall ist. Ich bin *froh* (3) ___________, dass ich nicht (4) ____ den Unfall *verwickelt* bin. Aber meine Freundin ist verletzt und ich bin *beunruhigt* (5) ___________, dass sie ins Krankenhaus kam. Die Polizei hat am nächsten Tage einige Schüler befragt, aber nicht alle waren (6) ____ einer Aussage *bereit*. Manche Lehrer meinen, die Sache könnte *schädlich* (7) _____ den Ruf der Schule sein. (8) _____ mich ist nur *entscheidend*, dass alle wieder gesund werden.

13. Gesundheitliche Probleme

Bilden Sie aus den Sätzen Partizipialattribute mit *zu* und ergänzen Sie die Sätze.

0. Diabetes ist vor allem bei Jugendlichen *eine schwer zu behandelnde Krankheit*.
   Die Krankheit ist schwer zu behandeln.
1. Für jugendliche Diabetiker ist das Einhalten genauer Ernährungspläne
   ____
   Die Aufgabe ist kaum zu bewältigen.
2. Die Behandlung von Allergien kann durch ________________________
   ___________ unterstützt werden.
   Die Mittel sind lokal anzuwenden.
3. Traumatische Erlebnisse können ______________________________________
   auslösen.
   Die Ängste sind kaum zu beherrschen.
4. Rheuma ist ____
   _______________.
   Die Krankheit ist schwer in den Griff zu bekommen.
5. Mit der neuen Therapie gegen Stottern können _________________________
   ___________ erzielt werden.
   Die Erfolge sind kaum zu glauben.
6. Infektionen stellen in Krankenhäusern ________________________________
   __________________ dar.
   Die Gefahr ist nicht zu unterschätzen.
7. Für ____ gibt es
   praktische Medikamentenbehälter.
   Die Medikamente sind täglich einzunehmen.

14. Funktionskleidung

Welche Erklärung passt zu den Adjektiven in der Beschreibung? Ordnen Sie zu.

0 [f] 1 [ ] 2 [ ] 3 [ ] 4 [ ] 5 [ ] 6 [ ] 7 [ ] 8 [ ] 9 [ ]

Gute Wanderkleidung muss (0) *praktisch* und (1) *robust* sein. Keine Frage! Jacken sollten auf jeden Fall (2) *wasserabweisend* sein, aber trotzdem (3) *atmungsaktiv*. Die Stoffe sind (4) *leicht* und (5) strapazierfähig. (6) *Wärmeausgleichendes* Material sorgt dafür, dass man weder schwitzt noch friert. (7) *Abnehmbare* Ärmel oder (8) *herausnehmbare* Innenjacken sind ebenfalls vorteilhaft. Kaufen Sie nur (9) *hochwertige* Ware. Es lohnt sich!

a. damit sie nicht so schnell kaputt geht.
b. damit man die Jacke das ganze Jahr über tragen kann.
c. damit einem die Jacke nicht zu schwer wird.
d. damit man in der Jacke nicht schwitzt.
e. damit man die Jacke auch ärmellos tragen kann.
~~f.~~ damit sie vielen Bedürfnissen gerecht wird.
g. damit die Jacke auch Extremsituationen aushält.
h. damit Sie lange Freude an der Jacke haben.
i. damit in der Jacke immer die richtige Temperatur herrscht.
j. damit man auch bei Regen immer trocken bleibt.

15. Was Werbung verspricht

Was gehört zusammen? Bilden Sie passende Adjektivkomposita.

Welche Eigenschaften haben folgende Produkte?

Wanderschuhe	0. rutsch*fest*	
Wanderjacke	1. wärme _ _ _ _ _ _ _ _ _ _ _ _	frei
Laufschuhe	2. atmungs _ _ _ _ _	~~fest~~
Sportsocken	3. koch _ _ _ _	fest
Kinderhose	4. strapazier _ _ _ _ _	echt
Freizeithemd	5. bügel _ _ _ _	aktiv
Polo-Shirt	6. form _ _ _ _ _ _ _ _ _	fähig
Kostüm	7. pflege _ _ _ _ _ _	leicht
Dirndl	8. stil _ _ _ _	beständig
		ausgleichend

Bettwäsche	9. farben _ _ _ _	froh
Badehandtuch	10. farb _ _ _ _	echt
Tischdecke	11. schmutz _ _ _ _ _ _ _ _ _	fest
Seife	12. haut _ _ _ _ _ _ _ _ _ _	dicht
Sonnenbrille	13. kratz _ _ _ _	sicher
Kontaktlinsen	14. luft _ _ _ _ _ _ _ _ _ _ _	freundlich
Kinderuhr	15. wasser _ _ _ _ _	freundlich
Handy	16. benutzer _ _ _ _ _ _ _ _ _ _	abweisend
Glas	17. bruch _ _ _ _ _ _	durchlässig

16. Verbraucherinformationen

A. Ergänzen Sie das (zusammengesetzte) Partizip.

0. Wir haben alle Sommerartikel im *Preis reduziert*. Alle Sommerartikel sind *preisreduziert*.
1. Mit den Kurzprogrammen der neuen Waschmaschinen *sparen* Sie *Energie*. Die neuen Waschmaschinen sind ______________________.
2. Stofftaschen *schonen* die *Umwelt*. Die Verwendung von Stofftaschen ist ______________________.
3. Kaufen Sie kein Obst, das mit *Schadstoffen belastet* ist. Obst kann ______________________ sein.
4. Serrano-Schinken aus Spanien wird monatelang an der *Luft getrocknet*. Er ist ______________________.
5. Diese Uhren werden per *Funk gesteuert*. Sie sind ______________________ und gehen deshalb auf die Sekunde genau.
6. Jede Verpackung *belastet* die *Umwelt*. Verpackungen sind ______________________.
7. Tomaten entwickeln ein besseres Aroma, wenn sie in der *Sonne reifen*. Sie schmecken besser, wenn sie ______________________ sind.
8. Obst und Gemüse *fördern* die *Gesundheit* und sollten deshalb täglich gegessen werden. Sie sind ______________________.

B. Ordnen Sie die Partizipien in die Tabelle ein.

Partizip I / Präsens	Partizip II / Perfekt
	preisreduziert,

17. Schmerzen

Was passt? Ergänzen Sie die Lücken.

Erfahrungen *(Pl.)* • s Gesicht • s Knie • r ~~Verlust~~ • e Wunde

0. Wenn der beste Spieler den Club verlässt, ist das ein schmerz*licher* Verlust für die gesamte Mannschaft.
1. Er wird nur mit einem schmerz*freien* _______ spielen.
2. Alle Zuschauer konnten sein schmerz*verzerrtes* ____________ sehen.
3. Ein Arzt untersuchte die blutende und schmerz*ende* _________.
4. Verletzungen und Niederlagen sind immer schmerz*volle* __________________ im Sport.

e Behandlung • e Bewegung • s Medikament • Zähne *(Pl.)*

5. In unserer Praxis garantieren wir Ihnen eine schmerz*arme* _________________.
6. Schonen Sie Ihren verletzten Arm und vermeiden Sie möglichst jede schmerz*hafte* ______________!
7. Ich werde Ihnen ein schmerz*stillendes* __________________ verschreiben.
8. Schmerz*empfindliche* ________ können verschiedene Ursachen haben. Sie sollten den Zahnarzt um Rat fragen.

Erinnerungen *(Pl.)* • s Leben • r Mann • r Tod

9. Er ist mit seinen 95 Jahren ein schmerz*gebeugter* _______.
10. Der Krieg hat schmerz*liche* ____________________ hinterlassen.
11. Er hatte die meiste Zeit ein schmerz*erfülltes* ________.
12. Nun wünscht er sich wenigstens einen schnellen und schmerz*losen* _____.

18. Hochinteressant

Ergänzen Sie das Adjektiv, das zum Bild passt. Achten Sie auf die Endungen.

hochauflösend • ~~hochbegabt~~ • hochbetagt • hochgefährlich • hochpreisig
hoch kompliziert • hoch motiviert • hoch verschuldet

0. ein *hochbegabtes* Kind

4. ______________ Ware

1. ein ______________ Ehepaar

5. eine ______ ______________ Maschine

2. ein ______________ Computerbildschirm

6. ______ ______________ Lerner

3. ______________ Stoffe

7. eine ______ ______________ Frau

19. Zahlen in der Alltagssprache

A. Ergänzen Sie das passende Zahlwort.

~~zwei~~ • drei • Dritte • vier • sieben • siebten • zehn • siebzehn

1. Wenn sich *zwei* streiten, freut sich der _ _ _ _ _ _.
2. Ist etwas passiert? Du machst ja ein Gesicht wie _ _ _ _ _ _ Tage Regenwetter.
3. Können wir mal unter _ _ _ _ Augen sprechen?
4. Ich habe meine eigene Methode, jetzt kommt Trick _ _ _ _ _ _ _ _.
5. Die beiden sind so verliebt. Sie schweben im _ _ _ _ _ _ _ Himmel.
6. Wir sind über _ _ _ _ Ecken miteinander verwandt.
7. Das mache ich nicht. Dazu bringen mich keine _ _ _ _ Pferde.

B. Bilden Sie aus den Buchstaben das passende Zahlwort und ergänzen Sie.

1. *e-f-f-n-t-ü*
   Ich fahr doch nicht mit zwei Liebespaaren in Urlaub. Wer will schon das __________ Rad am Wagen sein?
2. *a-d-e-n-s-t-u*
   Ich hatte so Angst bei der Bergtour, ich bin ____________ Tode gestorben.
3. *d-e-i-r*
   Das dauert ja ewig und _______ Tage!
4. *e-i-w-z*
   Man kann nicht auf _______ Hochzeiten gleichzeitig tanzen.
5. *e-i-r-v*
   Die meisten Deutschen wohnen am liebsten in den eigenen _______ Wänden.
6. *b-e-e-i-n-s*
   Dieses Übungsbuch ist hoffentlich kein Buch mit __________ Siegeln.
7. *d-e-n-e-H-n-r-s-t-t-u*
   Schluss jetzt! Sonst kommen wir vom ___________________ ins Tausendste.

Zusatzaufgabe: Welche Zahlwörter kommen in Ihrer Sprache besonders oft in Redewendungen oder Sprichwörtern vor? Warum?

E. Reisen und Verkehr

1. In der Stadt

Ergänzen Sie die passenden Adjektivendungen.

1. ● Ich suche den kürzesten Weg zum Bahnhof. Können Sie mir weiterhelfen?
   ■ Am besten gehen Sie die groß__ Straße hier weiter geradeaus, dann müssen Sie in die dritt__ Straße links biegen, weiter geradeaus, bis Sie zu einem klein__ Supermarkt kommen. Dann rechts und an der zweit____ Ampel wieder links. Von da können Sie dann schon den Bahnhof sehen.
   -e • -e • ~~-en~~ • -en • -en

2. ● Können Sie uns vielleicht einen Tipp geben, von wo aus man den schönst____ Blick auf die Stadt hat?
   ■ Oh, das ist gar nicht leicht zu sagen. Ich gehe gern in groß__ Kaufhäuser und fahre in den oberst____ Stock, wo meist das Restaurant ist. Wenn man dort einen schön____ Fensterplatz bekommt, kann man sitzen, essen und in all____ Ruhe den Blick auf die ganz__ Stadt genießen.
   -e • -e • -en • -en • -en • -er

3. ● Entschuldigung. Wissen Sie, wo hier das nächst__ Kino ist?
   ■ Gar nicht weit! Ihr müsst nur durch den klein____ Park gehen, dann kommt ihr auf eine schmal__ Straße. Auf der recht____ Seite befindet sich das erst__ Kino. Die meist____ Kinos sind dann zwei Straßen weiter Richtung Innenstadt.
   -e • -e • -e • -en • -en • -en

2. Verkehrsmeldungen

Was ist richtig? Streichen das Adjektiv mit der falschen Endung.

Sie sitzen im Auto und fahren in den Urlaub. Sie hören die Verkehrsmeldungen im Radio. Folgendes können Sie verstehen:

0. *lange/~~langen~~* Wartezeiten an den Grenzen
1. *dichte/dichter* Reiseverkehr Richtung Süden
2. Staus in *beiden/beider* Richtungen
3. *überfüllte/überfüllten* Parkplätze und Raststätten
4. Behinderungen durch *neue/neuen* Baustellen
5. Vorsicht vor *verschmutzten/verschmutzter* Fahrbahn – Rutschgefahr!
6. Gefahr durch *liegengebliebenen/liegengebliebenes* LKW
7. *schwere/schwerer* Unfall mit *mehrere/mehreren* Autos
8. *rechter/rechtes* Fahrstreifen gesperrt
9. *empfohlene/empfohlenes* Umleitung über ...
10. *freie/freien* Fahrt auf *alle/allen* Straßen!

Kleine Hilfe: *Fahrstreifen* = Fahrspur / *gesperrt* = nicht befahrbar / *Raststätte* = Restaurant an Autobahnen / *überfüllt* = zu voll

3. Wandern in den Alpen

Ergänzen Sie die passende Adjektivform. Achten Sie auf die Endungen.

0. Von München aus sind die Berge ganz *nah*.
1. Oder wohnen Sie etwa noch ________ an den Alpen?
2. ______________ Wochenende wollen wir endlich wandern.

~~nah~~ · näher · nächst-

3. Der ____________ Berg in Deutschland ist die Zugspitze.
4. Weißt du, wie _______ die Zugspitze ist?
5. In anderen Alpenländern gibt es aber noch __________ Berge.

hoch · höher · höchst-

6. Im Voralpenland kann man _____ wandern.
7. Die ________ Jahreszeit zum Wandern ist der Frühling.
8. Für Bergtouren sind Wanderschuhe __________ als Turnschuhe.

gut · besser · best-

9. Am Wochenende fahren ________ Leute in die Berge.
10. Immer _______ Leute wollen sich in der Natur erholen.
11. Die ____________ Leute fahren mit dem Auto und stehen im Stau.

viel · mehr · meist-

4. Sommerurlaub

Bilden Sie Vergleichssätze. Ergänzen Sie den Komparativ mit *als*.

0. Unser Hotel war in Wirklichkeit viel *schöner als auf dem Foto*.
   schön • auf dem Foto
1. Unsere Zimmer waren ____.
   sauber • erwartet
2. Der Urlaub war ____.
   teuer • geplant
3. Das Freizeitangebot war ____.
   gut • im Prospekt beschrieben
4. Das Meer war ____.
   kalt • letztes Jahr
5. Die Fahrt war ____.
   anstrengend • sonst
6. Der Strand war ____.
   nah am Hotel • gedacht
7. Unser Urlaub war dieses Jahr ____.
   kurz • sonst
8. Die Sonne schien ____.
   oft • erhofft
9. Der Urlaub war ____.
   harmonisch • denn (= als) je

5. Vorgeschmack auf die Reise

A. Was gehört zusammen? Ordnen Sie zu.

0. Die China-Reise wird teuer werden. [a]
1. Nimm dir doch ein paar Tage frei! [ ]
2. Im Reisebüro sagen sie, es gäbe noch genügend günstige Hotelzimmer. [ ]
3. Wir sollten möglichst schnell buchen. [ ]
4. In China werden wir uns kaum verständigen können. [ ]
5. Er will unbedingt ohne mich in den Urlaub fahren. [ ]

~~a.~~ Da müssen wir in den sauren Apfel beißen.
b. Das wird eine harte Nuss für uns.
c. Die Segeltörns gehen weg wie die warmen Semmeln.
d. Nach all dem Stress hast du Erholung bitter nötig.
e. Warum soll ich da nicht sauer sein?
f. Denen mache ich die Hölle heiß, wenn das nicht stimmt.

Kleine Hilfe: *Hölle* ↔ *Himmel* / *Segeltörn* = Reise mit dem Segelboot / *Semmel (süddt.)* = Brötchen

B. Unterstreichen Sie in *a-f* die Satzteile mit den Adjektiven.

6. Urlaubsgrüße

Was passt? Ergänzen Sie die Lücken in folgender E-Mail.

Liebe Evi,
du willst sicher wissen, wie es im Urlaub war.
Wir hatten (0) *einigermaßen schönes* Wetter und konnten jeden Tag baden. Das Meer war für die Jahreszeit
(1) ________ ________ und der Strand
(2) ________ ________. Das war wirklich
(3) ________ ________! Außerdem war
(4) ________ ________ los, sodass man sich wirklich entspannen konnte.

Das Hotel lag (5) ________ ________. Unser Zimmer war zwar klein, aber (6) ________ ________.
Morgens haben wir immer (7) ________ ________ geschlafen und abends sind wir durch die Bars gezogen. Wir haben
(8) ________ ________ Leute kennengelernt. Aber das erzähle ich besser ein andermal ...
Wir können ja nächste Woche telefonieren.
Bis dann, Silke

ausgesprochen warm
~~einigermaßen schönes~~
extrem sauber
höchst angenehm
relativ wenig

ganz lange
recht ruhig
richtig gemütlich
total interessante

7. Ernst will auswandern

A. Was passt? Ergänzen Sie in folgendem Dialog die Ausdrücke rund um *Ernst/ernst*.

der Ernst des Lebens • ein ernstes Wörtchen • ~~allen Ernstes~~
es ist dir ernst damit • ernst gemeint • ernst nehmen • wird es ernst

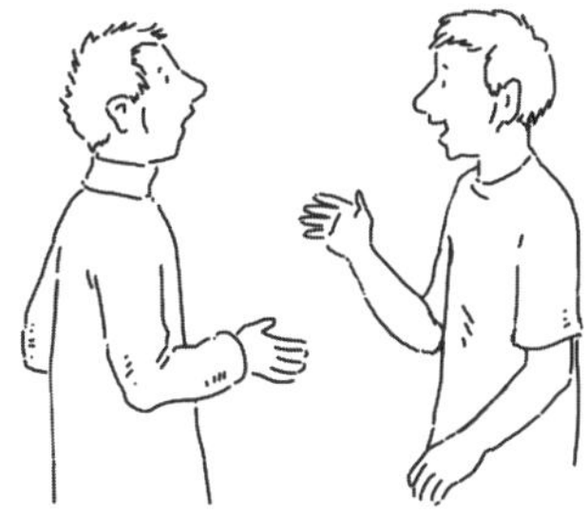

● Ernst, willst du (0) *allen Ernstes* nach Kanada auswandern?

▲ Klar! Davon spreche ich doch schon seit Monaten. Warum soll ich das nicht (1) ________ ___________ haben?

● Das heißt aber, dass du von nun an für dich alleine sorgen musst. Da beginnt dann wirklich (2) ____ ________ _____ __________ für dich.

▲ Genau. Und anders als hier wird man mich dort vielleicht mal (3) _______ __________. Du wirst ja sehen, wenn du mich in Kanada besuchen kommst.

● Tatsächlich, (4) ___ _____ _____ ________ ________. Ich glaub es nicht!

▲ Da seid ihr überrascht! Ich habe bereits alle Formalitäten erledigt und das Flugticket ist gekauft. In zwei Monaten geht es los, da (5) _______ ___ ________.

● Du willst uns also wirklich verlassen? Es nützt also nichts mehr, (6) ____ ___________ _____________ mit dir zu reden?

▲ Nein, aber du kannst mir ja Glück wünschen!

● O. K., viel Glück in Kanada, lieber Ernst!

B. Was bedeuten die Redewendungen? Ergänzen Sie die Tabelle.

0	1	2	3	4	5	6
e						

a. nicht nur reden, sondern auch handeln
b. das richtige Leben mit allen Problemen
c. sagen, was man von einer Sache wirklich hält
d. respektieren
~~e.~~ wirklich
f. nicht nur so tun, als ob
g. es gibt kein Zurück mehr

8. München und Bayern

A. Was gehört zusammen? Ordnen Sie zu.

0. Bayern ist bei Besuchern aus dem In- und Ausland [g]
1. Die Landeshauptstadt München ist bekannt [ ]
2. Nicht nur im Sommer ist München voll [ ]
3. Viele Gäste sind begeistert [ ]
4. Die Münchner sind sehr stolz [ ]
5. München ist auch reich [ ]
6. Sind Sie vielleicht an einem Besuch [ ]
7. Wissen Sie, welches Gericht typisch [ ]
8. Die Bayern sind selbstbewusst und von sich [ ]
9. Man muss um den Tourismus in Bayern nicht [ ]

a. auf das Oktoberfest, das 1810 zum ersten Mal gefeiert wurde.
b. für ihr kulturelles Leben und ihren hohen Freizeitwert.
c. für die bayerische Küche ist? Bestellen Sie Schweinebraten mit Knödeln!
d. besorgt sein. Nicht nur München verzeichnet hohe Besucherzahlen.
e. überzeugt, aber auch sehr gastfreundlich und liebenswert.
f. von den Märchenschlössern Ludwig II., vor allem Neuschwanstein.
~~g.~~ sehr beliebt.
h. in einem der zahlreichen Biergärten interessiert? Gehen Sie doch mal in den Biergarten am Chinesischen Turm.
i. von Touristen aus aller Welt.
j. an moderner Architektur wie z. B. der 2007 eröffneten *BMW Welt*.

B. Ordnen Sie die Adjektive aus *A* mit ihrer Präposition *(Akk./Dat.)* in die Tabelle ein.

Adjektiv mit Präposition + *Akk.*	Adjektiv mit Präposition + *Dat.*
	beliebt bei,

9. Reiseplanungen

A. Was ist richtig? Streichen Sie das Adjektiv auf *–bar*, das nicht passt.

0. Ist das Hotel auch online *buchbar* • ~~*lieferbar*~~?
1. Sind der genaue Zeitplan und die Reiseroute im Internet *abrufbar* • *bestellbar*?
2. Welche Freizeitaktivitäten sind zusätzlich *stornierbar* • *wählbar*?
3. Sind Sprachreisen, die man aus beruflichen Gründen bucht, steuerlich *absetzbar* • *unbezahlbar*?

4. Ist der Karibik-Reiseführer auch bei Amazon *absetzbar • bestellbar*?
5. Wie schnell ist der große Bildband von Amerika *buchbar • lieferbar*?
6. Bis wann ist die Weltreise kostenlos *wählbar • stornierbar*?
7. Ich glaube, diese Reise ist für mich *abrufbar • unbezahlbar*!

B. Wie heißen die zugrundeliegenden Verben? Ergänzen Sie die Tabelle.

abrufbar	
absetzbar	
bestellbar	
(un)bezahlbar	

buchbar	*buchen*
lieferbar	
stornierbar	
wählbar	

C. Formen Sie die die Fragen aus *A* um. Verwenden Sie *können*.

0. *Kann man das Hotel auch online buchen?*
   Kann das Hotel auch online gebucht werden?

10. Wanderhotel in Tirol

Ergänzen Sie die passenden Adjektivendungen.

1. Wir bieten Ihnen Wanderurlaub zu sensationell*en* Preisen. Verbringen Sie erholsam__ Tage in klar___ und rein___ Bergluft. *-e • ~~-en~~ • -er • -er*
2. Das Hotel befindet sich in ruhig___ Lage. All__ Wanderwege beginnen direkt vor unserem Haus. Auch die Bergbahnen sind in unmittelbar___ Nähe. *-e • -er • -er*
3. Unser Hotel bietet Ihnen geführt__ Wanderungen. Außerdem haben Sie frei___ Eintritt in den Wellnessbereich. Dazu gehört die kostenlos__ Benutzung von Sauna und Fitnessraum. *-e • -e • -en*
4. Genießen Sie die herrlich__ Naturlandschaft! Unser Hotel ist umgeben von blühend___ Wiesen und von jedem Zimmer aus bietet sich Ihnen ein überwältigend___ Bergpanorama. *-e • -en • -es*
5. Sie schlafen im gemütlich___ Doppelzimmer oder im komfortabl__ Einzelzimmer mit reichhaltig___ Frühstücksbuffet. *-em • -en • -en*
6. Unsere Küche serviert Ihnen Tirol___ Spezialitäten mit Rezepten aus eigen___ Küche. Wir verwenden ausschließlich regional__ Produkte. *-e • -er • -er*
7. Auf Wunsch erstellen wir Ihnen ein unverbindlich___ Angebot und machen Ihnen Vorschläge für Ihre individuell__ Urlaubsgestaltung. Damit Ihr Urlaub zum unvergesslich___ Erlebnis wird! *-e • -en • -es*

Kleine Hilfe: *s Angebot / e Benutzung / s Buffet / r Eintritt / s Erlebnis / e Gestaltung / e Küche / e Lage / e Landschaft / e Luft / e Nähe / s Panorama / r Preis / s Produkt / e Spezialität / r Tag / e Wanderung / r Weg / e Wiese / s Zimmer*

11. Deutsche Landeskunde

A. Ergänzen Sie das richtige Adjektiv der Himmelsrichtung.

nördlich • ~~nördlichste~~ • südlich • südliche • östlichen • östlichen • westliche • westlichen

0. Flensburg ist die *nördlichste* Stadt Deutschlands.

1. Die ______________ Grenze Deutschlands verläuft entlang der Alpen.
2. Der Rhein bildet die ______________ Grenze zu Frankreich.

3. Berlin war 28 Jahre lang, nämlich von 1961 bis 1989, durch die Mauer in einen ______ __________ und einen ________________ Teil getrennt.
4. Auf Grund ihrer geografischen Lage als auch ihrer politischen Vergangenheit werden die neuen Bundesländer auch die ______ ____________ Bundesländer genannt.

5. Die als Karnevalshochburg bekannte Stadt Köln liegt ______________ von Bonn, der Hauptstadt Deutschlands von 1949 bis 1990.

6. Bairisch, der beliebteste deutsche Dialekt, wird ____________ der Donau gesprochen.

B. Ergänzen Sie die Tabelle.

r Norden	*nördlich/nördlichst-*
r Süden	

r Osten	
r Westen	

12. Deutschland nicht nur für Touristen

Welche Stadt ist gemeint? Bilden und ergänzen Sie das passende Städte-Adjektiv.

Berlin • ~~Hamburg~~ • Dresden • Frankfurt • Kiel • Köln • München • Nürnberg • Stuttgart

Deutschland hat viel zu bieten:

0. Der *Hamburger* Michel, die Kirche St. Michaelis, ist das bekannteste Wahrzeichen der Stadt. Vom Turm aus hat man einen wunderbaren Ausblick auf die Stadt.
1. Die ____________ Mauer hat die Stadt von 1961 bis 1989 in Ost und West geteilt. Heute gibt es nur noch wenige Mauerreste.
2. In den sechziger Jahren wurde mit John Cranko der Ruf des ____________ Balletts begründet. Es hat heute noch Weltruhm.
3. Zur Weihnachtszeit müssen Sie unbedingt den ____________ Christkindlesmarkt besuchen. Sein Angebot an traditionellen Weihnachtswaren ist weltberühmt.
4. Mit jährlich über sechs Millionen Besuchern ist das ____________ Oktoberfest, von den Einheimischen *Wiesn* genannt, das größte Volksfest der Welt.
5. Wer Bücher liebt, ist auf der ____________ Buchmesse richtig. Sie findet jedes Jahr im Oktober statt und ist weltweit bedeutend.
6. Der ____________ Dom ist eine der beliebtesten Sehenswürdigkeiten Deutschlands und gilt als Meisterwerk der Gotik.
7. Seit 2009 ist das ____________ Elbtal zwar nicht mehr Welterbe der UNESCO, aber dennoch eine Reise wert.
8. Die ____________ Woche ist nicht nur die größte Segelregatta der Welt, sondern auch ein riesiges Sommerfest – ein Muss für Segelfans.

Zusatzaufgabe: Finden Sie weitere Beispiele.

13. Besonders sehenswert

Ergänzen Sie das passende Adjektiv.

0. Wir wollen wissen, ob Bayern und seine Landschaften wirklich so *sehenswert* sind, wie man sagt.
1. Deswegen machen wir ______________________ im Sommer zwei Wochen Urlaub am Chiemsee.
2. Das Hotel, das wir gebucht haben, liegt __________________ am Ufer des Sees in der Nähe von Prien.
3. Prien ist ein ____________________*er*, netter Ort, sogar der größte am Chiemsee.

~~sehenswert~~
übersichtlich
unübersehbar
voraussichtlich

4. Blickt man von dort auf den See, ist in einiger Entfernung die Herreninsel ____________, auf der sich Schloss Herrenchiemsee befindet.
5. Das Wetter ist am Chiemsee allerdings ______________________.
   Es kann schnell mal regnen oder stürmen.
6. Aber uns hat es gefallen! Wir werden in ____________*er* Zeit wiederkommen!

absehbar
sichtbar
unvorhersehbar

14. Guten Flug!

A. Ergänzen Sie das passende Adjektiv auf *–mäßig* oder *–gemäß*.

0. Zu Ferienzeiten sind die Flughäfen *erfahrungsgemäß* überfüllt.
1. Es ist ________________, eine Stunde vor Abflug am Flughafen zu sein.
2. Ihr Flieger wird ______________ um 11.55 Uhr starten.
3. Haben Sie ihr Gepäck _____________________ eingecheckt?

planmäßig
zweckmäßig
ordnungsgemäß
~~erfahrungsgemäß~~

4. Die Flugzeuge werden _________________ gewartet und kontrolliert.
5. Bei den meisten Flugausfällen haben Sie einen _________________*en* Anspruch auf Ersatz.
6. Ihr Mietwagen steht __________________ schon bereit.

rechtmäßig
regelmäßig
wunschgemäß

B. Was bedeuten die Adjektive in *A*. Ordnen Sie zu.

0. erfahrungsgemäß	g	a. sinnvoll
1. ordnungsgemäß	☐	b. gesetzlich
2. planmäßig	☐	c. wie geplant
3. rechtmäßig	☐	d. immer wieder
4. regelmäßig	☐	e. nach Vorschrift
5. wunschgemäß	☐	f. wie man es sich wünscht
6. zweckmäßig	☐	~~g.~~ man aus Erfahrung weiß

15. Der Rhein

A. Unterstreichen Sie alle Zahlenangaben (insgesamt 10) und nummerieren Sie.

Der Rhein ist auf seinen fast 1230 Kilometern (0) nicht nur für unzählige Touristen interessant, er hat auch große wirtschaftliche Bedeutung. Er ist Europas Wasserstraße Nummer eins. Er liefert für 20 Millionen Menschen Trinkwasser. Jährlich werden über 200 Millionen Tonnen Güter transportiert. Das Obere Mittelrheintal zwischen Koblenz und Rüdesheim ist seit Juni 2002 Welterbe der UNESCO. Romantik am Rhein! Aber der Rhein hat zwei Gesichter. Im Jahr 2009 sind 27 Menschen im Rhein ertrunken. Aber auch bei Hochwasser ist der Rhein eine tödliche Gefahr. Dann müssen Zehntausende ihre Häuser verlassen. Dann rächt sich der Bauboom der 70er und 80er Jahre. Das ist das zweite Gesicht des Rheins: Er ist und bleibt unberechenbar.

B. Ordnen Sie die Zahlwörter aus *A* in die Tabelle ein und schreiben Sie die Zahlen in Buchstaben.

Kardinalzahlen	*1230 / tausendzweihundertdreißig,*
Ordinalzahlen	
Datum/Zeitangaben	
Nomen	

16. Deutsche Inselwelt

A. Welche Beschreibung passt am besten? Ordnen Sie zu.

0. Juist, Nordsee
   für Leute, die *Erholung suchen* [b]
1. Usedom, Ostsee
   für Leute, die von Bädern und alter *Architektur begeistert* sind ☐
2. Fehmarn, Ostsee
   für Familien, die Strand und *Natur lieben* ☐
3. Sylt, Nordsee
   für Leute, die von *Partys begeistert* sind ☐
4. Poel, Ostsee
   für diejenigen, die *begeistert reiten* ☐
5. Rügen, Ostsee
   für alle, die *hungrig* auf *Sonne* sind ☐
6. Wangerooge, Nordsee
   für Leute, die das *Watt lieben* ☐
7. Amrum, Nordsee
   für Leute, die *Ruhe* in der Natur *suchen* ☐
8. Föhr, Nordsee
   für Leute, die sich für *Kultur interessieren* ☐

a. Szeneinsel mit Bars, Clubs und Diskotheken
~~b.~~ Autofreie Insel, Heilbad
c. Kaiserbäder und Prachtbauten aus dem 19. Jahrhundert
d. 30 Prozent mehr Sonnentage als im deutschen Durchschnitt
e. Gehört zum Nationalpark Niedersächsisches Wattenmeer
f. Strände, Wälder und Heidelandschaften für endlose Spaziergänge
g. Zahlreiche Kulturangebote vor allem in den Sommermonaten
h. Familienfreundliche Insel mit breiten Stränden und weiten Rapsfeldern
i. Gute Reitmöglichkeiten für Kinder und Erwachsene

B. Bilden Sie aus den *kursiv* gesetzten Satzteilen in *A* Partizip-Nomen.

FÜR JEDEN DIE RICHTIGE INSEL ...	0. **Juist**, Nordsee, für *Erholungssuchende*
1. **Usedom**, Ostsee, für	2. **Fehmarn**, Ostsee, für
3. **Sylt**, Nordsee, für	4. **Poel**, Ostsee, für
5. **Rügen**, Ostsee, für	6. **Wangerooge**, Nordsee, für
7. **Amrum**, Nordsee, für	8. **Föhr**, Nordsee, für

F. Wetter und Freizeit

1. Wetterschlagzeilen

A. Ergänzen Sie das passende Adjektiv. Achten Sie auf die starken Endungen.

blauer • große • heftige • ~~kalte~~ • milder • schönes

0. *Kalte* **Luft über Deutschland**
1. ______ **Wetter am Wochenende**
2. **Ungewöhnlich ______ Januar**
3. **Weiterhin Sonne und ______ Himmel**
4. ______ **Hitze endgültig vorbei**
5. ______ **Stürme an den Küsten**

einzelnen • erhöhte • kräftige • schwerem • umgestürzte

6. **Im Süden ______ Gewitter mit ______ Sturmböen**
7. **Warnung vor ______ Unwetter in der Nacht**
8. ______ **Unfallgefahr durch ______ Bäume**

dichtem • glatter • mehrere • starken • stundenlanger

9. ______ **Unfälle auf ______ Straße**
10. **Flugzeuge in ______ Nebel kollidiert**

______ **Stromausfall durch ______ Wind**

angenehme • gelungenes • heftiger • nassem • starken

12. Verkehrschaos wegen ______ Schneefälle
13. **Trotz ______ Regens ______ Altstadtfest**
14. **Nach ______ August Hoffnung auf ______ Spätsommertage**

Kleine Hilfe: *heftig* = kräftig / *mild* = nicht so kalt / *kollidieren* = zusammenstoßen / *e Sturmböe* = kurzer, starker Wind
r August / r Baum / e Böe / r Fall/Ausfall / s Fest / e Gefahr / s Gewitter / r Himmel / e Hitze / r Januar / e Luft / r Nebel / r Regen / e Straße / r Sturm / r Tag / r Unfall / s (Un-)Wetter / r Wind

B. Schreiben Sie die Regeln für die starken Adjektivendungen. Streichen Sie, was nicht zutrifft, und ergänzen Sie, was fehlt.

1. Gibt es vor dem Adjektiv *ein/kein* Artikelwort, bekommt das Adjektiv das Kasussignal des *bestimmten/unbestimmten* Artikels (= starke Adjektivendung).
2. *Ausnahme:* Im Genitiv *Singular/Plural* Maskulinum und Neutrum ist das Kasussignal ___ nur am Nomen und das Adjektiv hat die schwache Endung ______.

2. Die Farben der Natur

Was ist richtig? Streichen Sie das Adjektivkompositum, das nicht passt.

1. *dunkelrote/ ~~hellgrüne~~* Sonne über *tiefblauem/ dunkelbraunem* Meer
2. *silbergraue/ zartgrüne* Nebelstreifen zwischen *hellgrauen/ immergrünen* Sträuchern
3. *dunkelblaue/ hellgrüne* Triebe und *zartgelbe/ dunkelgrüne* Blüten
4. *rotbraune/ hellblaue* Blätter und *goldgelbe/ zartblaue* Äpfel
5. *hellblauer/ blaugrüner* Himmel über *zartblauen/ tiefschwarzen* Wäldern

Kleine Hilfe: *Trieb* = das, was neu wächst

3. Sonnig oder regnerisch?

A. Bilden Sie Adjektive auf *-ig* oder *-(er)isch*.
Bei Nomen auf *-e* oder mit *-e-* in der letzten Silbe fällt das *-e-* im Adjektiv weg.

0. Regen 

regnerisch

1. Sonne 

____

2. Wolke 

____

3. Nebel 

____

4. Gewitter 

____

5. Wind 

____

6. Sturm *(u → ü)* 

____

7. Eis 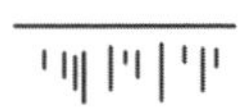

____

8. Luft 

____

B. Ergänzen Sie die passenden Adjektive aus *A*.

0. Heute war es den ganzen Tag kühl und *regnerisch*.
1. Mir war ständig kalt, weil ich viel zu ______*ig* angezogen war.
2. In den Bergen ist es ______*ig* kalt und es schneit sogar.
3. Gestern war es so ______*ig*, dass man mit dem Rad kaum vorwärtskam.
4. Heute sieht es nach Regen aus. Der Himmel ist ______*ig*.
5. In der Früh ist es hier oft ______*ig*, nachmittags kann es ______*ig* werden.
6. Die letzte Nacht war so ______*isch*, dass mehrere Bäume umgestürzt sind.
7. Der Sommer war dieses Jahr sehr heiß und ______*ig*.

4. Weihnachtsgeschenke

A. Ergänzen Sie die Dativ-Endungen bei Pronomen und Adjektiv. Markieren Sie das Signal.

Was schenkst du ...

1. deine(m) klein___ Bruder?
2. dein___ groß___ Schwester?
3. dein___ best___ Freundin?
4. dein___ lieb___ Eltern?
5. dein___ krank___ Opa?

B. Ergänzen Sie die Akkusativ-Endungen. Ist das Signal beim Artikel oder beim Adjektiv? Markieren Sie.

0. Meinem Bruder schenke ich da(s) große Flugzeug von Playmobil®.
1. Für meine Freundin habe ich modisch__ Ohrringe besorgt.
2. Meiner Mama möchte ich eine schick__ Handtasche kaufen.
3. Meinem Papa schenke ich einen neu___ Rasierapparat.
4. Mein Opa bekommt die warm__ Decke, die er sich schon lange wünscht.
5. Und dann brauche ich noch ein klein___ Geschenk für meine groß__ Schwester! Hast du vielleicht eine gut__ Idee?

5. Gute Wünsche

A. Was gehört zusammen? Ordnen Sie zu.

0. Gute [f]
1. Guten [ ]
2. Schöne [ ]
3. Schönen [ ]
4. Fröhliche [ ]
5. Viel [ ]
6. Viel [ ]

a. Flug!
b. Spaß!
c. Erfolg!
d. Urlaub!
e. Feiertage!
~~f.~~ Besserung!
g. Weihnachten!

7. Gute [ ]
8. Gutes neues [ ]
9. Schöne [ ]
10. Schönes [ ]
11. Frohe [ ]
12. Viel [ ]
13. Viel [ ]

h. Jahr!
i. Fahrt!
j. Glück!
k. Ferien!
l. Ostern!
m. Vergnügen!
n. Wochenende!

B. Was wünscht man wann? Ergänzen Sie die Tabelle mit den passenden Wünschen.

Situation	Wunsch
0. Wochenende	*Schönes Wochenende!*
1. Ferien/Urlaub	
2. Reise	
3. Feiertage	
4. Neujahr/Ostern/ Weihnachten	
5. Kinobesuch/Party	
6. Krankheit	
7. Prüfung	

C. Ergänzen Sie den Satz mit den Wünschen aus *A*.
Manchmal muss der unbestimmte Artikel ergänzt werden.

Wir wünschen dir / euch / Ihnen ...

0. *... ein schönes Wochenende.*

6. Party-Gespräche

A. Ergänzen Sie *gleich* in der richtigen Form.

~~gleich~~ • gleich *(4x)* • gleiche • Gleiche • gleichen

▲ Wo bleibt denn Nina? Sie wollte doch (0) *gleich* wiederkommen.
■ Frag sie später bloß nicht, wo sie so lange war. Die ist doch immer (1) ___________ beleidigt.

▲ Stell dir vor, Christian und ich haben am (2) ___________ Tag Geburtstag.
■ Das ist ja ein Zufall! Aber ihr seid doch nicht (3) ___________ alt, oder?

▲ Hast du das schon gesehen? Petra hat das (4) ___________ Kleid an wie du.
■ Das ist mir (5) ___________. Außerdem ist ihr Kleid blau und meins ist rot.

▲ Bei Frank und Ute gibt es auf jeder Party das (6) ___________ zu essen.
■ Das habe ich dir ja (7) ___________ gesagt. Aber es schmeckt wenigstens immer!

B. Ersetzen Sie.

Wo kann *gleich* durch *sofort,* wo durch *egal* und wo durch *genauso* ersetzt werden?

7. In der Disco

Ergänzen Sie das passende Adjektiv mit *zu*.

0. Wie findest du die neue Disco? Mir ist die Einrichtung dort *zu modern*. [d]
1. Die Musik hier ist mir viel __________. Gehen wir woandershin? [ ]
2. Ist dir der Pulli nicht __________? Ich würde darin schwitzen. [ ]
3. Die Getränke sind mir hier __________. Ich nehme höchstens ein Wasser. [ ]
4. Bist du nicht viel __________ angezogen? Wir gehen doch in keine Nobeldisco! [ ]
5. Komm, setzen wir uns. Ich kann nicht pausenlos tanzen. Das ist mir __________. [ ]
6. Ich möchte nicht immer in dieselbe Disco gehen. Das ist mir __________. [ ]

a. zu anstrengend
b. zu langweilig
c. zu laut
~~d.~~ zu modern
e. zu schick
f. zu teuer
g. zu warm

Kleine Hilfe: *woandershin* = hier: in eine andere Disco / in ein anderes Lokal

8. Sommerfest

Ergänzen Sie die Adjektive in der richtigen Reihenfolge.
Achten Sie auf die Endungen und streichen Sie *und*, wenn nötig.

1. Wir haben *viele* ~~und~~ *alte* *(alt/viel)* Bekannte, darunter __________ *und* __________ *(ausländisch/nett)* Freunde zu unserem Sommerfest eingeladen.
2. Es gab __________ *und* __________ *(französisch/wunderbar)* Wein und __________ *und* __________ *(bayerisch/köstlich)* Bier zu trinken.
3. Wir hatten ein __________ *und* __________ *(groß/international)* Buffet mit __________ *und* __________ *(bayerisch/zahlreich)* Spezialitäten organisiert.
4. Es war wirklich ein __________ *und* __________ *(nett/unterhaltsam)* Abend mit __________ *und* __________ *(interessant/spannend)* Diskussionen.
5. Wir planen auch im nächsten Jahr wieder ein Sommerfest mit unseren __________ *und* __________ *(ausländisch/bayerisch)* Freunden.

Kleine Hilfe: *r Abend / s Bier / s Buffet / e Diskussion / r Freund / e Spezialität / r Wein*

9. Fußball in Deutschland

A. Was passt? Ergänzen Sie die Lücken.

0. Viele [b] *kleine Jungen* möchten später Fußballstar werden.
1. Alle [ ] ______________________ kennen Oliver Kahn.
2. Welche [ ] ______________________ würdet ihr gern einmal persönlich kennenlernen?
3. In der Bundesliga spielen auch etliche [ ] ______________________.

a. deutschen Fußballfans
~~b.~~ kleine Jungen
c. ausländische Profis
d. berühmten Fußballspieler

4. Ich schaue mir jedes [ ] ______________________ im Fernsehen an.
5. Hast du gestern dieses [ ] ______________________ des FC Bayern gesehen?
6. Es fiel kein [ ] ______________________!
7. Außerdem gab es mehrere [ ] ______________________. Der Schiedsrichter war eine Katastrophe.

e. wichtige Spiel
f. einziges Tor
g. unklare Entscheidungen
h. langweilige Spiel

8. Sämtliche [ ] ______________________ sind schon ausverkauft.
9. Würdest du Geld für solche [ ] ______________________ ausgeben?
10. Es gibt wirklich einige [ ] ______________________ mit Fahnen, Hüten, T-Shirts, Tröten und noch mehr.
11. Ich gehe lieber zum Trainingsplatz. Dort habe ich schon manches [ ] ______________________ bekommen.

i. tolle Autogramm
j. schwarz-rot-goldene Fanartikel
k. unnützen Dinge
l. verrückte Fans

B. Markieren Sie in *A* die Signale bzw. die starken Adjektivendungen.

0. Viel(e) klein(e) Jungen …

10. Sauschwer?

A. Ergänzen Sie das passende Adjektiv.

Wie war Euer Wochenende?

kerngesund • sauwohl • stocktaub • todkrank • ~~todlangweilig~~ • uralt

Wir hatten am Wochenende Besuch von Tante Frieda und Onkel Hans. Es war (0) *todlangweilig*. Tante Frieda ist (1) ________ und (2) ______________. Und Onkel Hans redet pausenlos davon, wie (3) ______________ er ist. Aber ihm fehlt nichts. Im Gegenteil: Er ist (4) ________________. Bei uns haben sich die beiden jedenfalls (5) ___________ gefühlt und wollten gar nicht mehr gehen.

sauteuer • stocksauer • supergut • todsicher • topmodisch

Am Samstag wollte ich mir eigentlich Stiefel kaufen. Ich habe auch welche gefunden, die (6) _________________ waren und (7) ______________ gepasst haben. Leider waren sie (8) _____________. Deswegen habe ich sie doch nicht gekauft. Die Verkäuferin war dann (9) ________________. Die will mich (10) _______________ nicht noch mal sehen!

blitzschnell • brandgefährlich • grottenschlecht • haushoch • rabenschwarz • topfit

Wir hatten Sonntag ein Fußballspiel. Nach gutem Training war unsere Mannschaft eigentlich (11) _________, dennoch haben wir (12) _________________________ gespielt. Zuerst sah es sogar gut für uns aus, aber dann zeigten die anderen, wie (13) ___________________ ______ sie waren. Es ging (14) ____________________ und sie schossen ein Tor nach dem anderen. Am Ende haben wir (15) ______________ mit 5:0 verloren! Ein (16) _________ _____________*er* Tag für uns!

B. Ergänzen Sie die Tabelle mit den Beispielen aus *A*.

Verstärkung	Beispiele aus *A*	weitere Beispiele
brand-		*brandaktuell, brandneu*
sau- (ugs.)		*saugut, sauschlecht, saukomisch, sauheiß, saukalt*
stock-		*stockdumm, stockdunkel, stockbesoffen* (ugs.), *stocksteif*
super- (ugs.)		*superreich, superschön, superschnell*
tod-	*todlangweilig,*	*todernst, todmüde, todtraurig*
top-		*topaktuell*
ur-		*urgemütlich, urkomisch, urplötzlich*
andere		

11. Würfelpoker

Ergänzen Sie die passenden Zahlwörter.

1. Würfelpoker kann man *zu zweit* spielen, aber ______________ ______________ macht es mehr Spaß.
2. Man braucht dazu ______ Würfel, ________ Würfelbecher und einen Schreibzettel mit den Aufgaben.
3. Wer am Ende die ___________ Punktzahl hat, gewinnt.

einen
fünf
höchste
zu dritt oder viert
~~zu zweit~~

4. Es werden ____________ Runden gewürfelt. Pro Runde darf man ___________ würfeln und bei jedem Wurf die Würfelzahlen stehen lassen, die man gut findet.
5. Ziel des Spiels ist es, ____________ verschiedene Würfelkombinationen zu würfeln, mit denen man Punkte sammeln kann.
6. Jeder Spieler bestimmt die Reihenfolge der Würfelkombinationen selbst. Gelingt eine Aufgabe nicht, werden _____ Punkte notiert.
7. Es ist immer spannend, wie viel Punkte man erreicht und wer Erster, Zweiter, ___________ oder Letzter wird.

dreimal
dreizehn
dreizehn
Dritter
null

Zusatzaufgabe: Spielen Sie!

12. Lies doch mal!

Ergänzen Sie das Adjektiv mit der passenden Bedeutung.

Meine Tochter verbringt jede freie Minute (0) *lesend* auf dem Sofa. Sie ist richtig (1) ____________________. Mein Sohn dagegen ist eher (2) ____________ und das, was er liest, ist nicht unbedingt (3) ________________. Gute Bücher landen (4) _____________ in einer Ecke.

Nicht jede Zeitschrift ist (5) _______________________ gestaltet. Manchmal sind die Texte so klein gedruckt, dass sie nicht besonders gut (6) _________ sind.

Ich kann deine Schrift nicht lesen. Du schreibst total (7) ________________.

~~lesend~~
lesbar
unleserlich
lesefaul
leserfreundlich
lesebegeistert
lesenswert
ungelesen

13. Typisch Fußball

A. Was gehört zusammen? Ordnen Sie zu.

0. Immer wenn dieser junge Stürmer am Ball ist, ist er [e]
1. In der gegnerischen Mannschaft gibt es mehrere Spieler, [ ]
2. Beide Teams provozieren sich gern gegenseitig und [ ]
3. Vor dem Anpfiff geben sich die Spieler [ ]
4. Kein anderer ist so schnell und [ ]
5. Zum Glück hat er den Elfmeter [ ]
6. Im Elfmeterschießen zeigt sich, [ ]
7. Der Spieler mit der Nummer 7 ist zwar nicht besonders groß,
8. Die Mannschaft kämpfte bis zum Schluss und [ ]
9. Das Heimpublikum war heute besonders [ ]
10. Wenn wir auf Dauer erfolgreich bleiben wollen, brauchen wir junge, [ ]

a. die *pfeilschnell* sind.
b. wer wirklich *nervenstark* ist.
c. war äußerst *lauffreudig*.
d. aber trotzdem überaus *kopfballstark*.
~~e.~~ *torgefährlich*.
f. *ballgewandte* Spieler.
g. *selbstbewusst* und *siegessicher*.
h. *zielsicher* verwandelt.
i. *trickreich* wie der Spieler mit der Nummer 9.
j. *begeisterungsfähig*.
k. zeigen sich *angriffslustig*.

B. Ordnen Sie die Adjektivkomposita in die Tabelle ein.

Nomen + Adjektiv	torgefährlich,
Nomen + *-es/-s* + Adj.	
Nomen + *-en* + Adj.	
Verb – *-en* + Adj.	
Pronomen + Adj.	

14. Fußballspiel

Bringen Sie die Attribute in die richtige Reihenfolge.

0. der *schon fünf Minuten nach Anpfiff heftig einsetzende* Regen
   fünf Minuten nach Anpfiff • einsetzende • schon • heftig
1. die ______________________________ Spieler
   sofort • durchnässten • völlig
2. der ____
   ______________________ Spieler
   ausfallende • aufgrund einer Verletzung • drei Wochen lang

3. die ____

____ Zuschauer

laut • wegen der Fehlentscheidung des Schiedsrichters • protestierenden

4. der ____

______________ Elfmeter

vom Schiedsrichter • gegebene • zu Unrecht

5. der ____

______________ Schiedsrichter

die Rote Karte • laut • und • pfeifende • zeigende

6. der ____

______________________________ Elfmeter

von Nummer 6 • kurz • verwandelte • sicher • vor Schluss

7. die ____

______________________________ Fans

wartenden • auf die Spieler • am Ausgang • stundenlang

15. Auf dem Flohmarkt

Was kann man noch sagen?
Ersetzen Sie die *kursiv* geschriebenen Satzteile.

0. Auf dem Flohmarkt trifft man *Leute aller Altersgruppen.* [d]
1. Mit etwas Glück kann man *verschiedene schöne Dinge* finden. [ ]
2. Der Flohmarkt ist auch ein Ort für *ganz verrückte und auffällige Sachen.* [ ]
3. Oder suchen Sie etwas *was Sie für Ihre Wohnung brauchen können*? Auch dann sind Sie auf dem Flohmarkt richtig. [ ]
4. Ein Flohmarkt ist etwas für *Leute, die Geld haben, aber auch für Leute mit wenig Geld.* [ ]
5. Es macht einfach Spaß, *Dinge, die man nicht überall sehen oder kaufen kann,* zu entdecken und zu bestaunen. [ ]
6. Interessieren Sie sich vielleicht für *Dinge, die Sie an alte Zeiten erinnern*? Besuchen Sie einen Flohmarkt! [ ]
7. Ich bin ein Fan von *sentimentalen und romantischen Gegenständen*. Und Sie? [ ]
8. Seit vielen Jahren erfreuen Flohmärkte *Kinder und Erwachsene.* [ ]

a. Originelles
b. Arm und Reich
c. Nostalgisches
~~d.~~ Jung und Alt
e. Skurriles
f. Groß und Klein
g. Nützliches für Zuhause
h. allerlei Schönes
i. Kitschigem

16. Im Konzert

Was gehört zusammen? Ergänzen Sie die Sätze.

0. Der Konzertsaal war [a]
1. Klassische Konzerte liegen wieder [ ]
2. Das Publikum war [ ]
3. Die jungen Musiker waren [ ]

~~a.~~ brechend voll.
b. voll motiviert.
c. voll im Trend.
d. voller Erwartungen.

4. Sie spielten von Anfang bis Ende [ ]
5. Die Zeitungen waren schon vor dem Konzert [ ]
6. Veranstalter und Publikum kamen [ ]
7. Das Konzert wurde [ ]

e. ein voller Erfolg.
f. voll des Lobes.
g. voll auf ihre Kosten.
h. mit vollem Einsatz.

17. Aus der Welt des Zirkus

A. Bringen Sie die Silben der Adjektive in die richtige Reihenfolge.

0. *de-be-a-rau-tem-ben* — *atemberaubende* Tiernummern
1. *ein-de-be-en-druck* — ________________ Zaubertricks
2. *er-del-re-schwin-de-gen* — ________________ Hochseilakrobatik
3. *er-schen-de-fri* — ________________ Tanzeinlagen
4. *wäl-gen-ü-ti-ber-de* — ________________ Kampfnummern
5. *zi-ren-fas-nie-de* — ________________ Menschenpyramiden
6. *bern-be-zau-de* — Das ist die ________________ Welt des Zirkus!

B. Bilden Sie aus den Verben Partizipialattribute.

0. Kostüme glitzern und Gesichter glänzen	*glitzernde Kostüme und glänzende Gesichter*
1. Reifen brennen und Keulen fliegen	
2. Pferde galoppieren und Reiter schlagen Saltos	
3. Clowns jonglieren und schneiden Grimassen	
4. Löwen fauchen und Elefanten drehen sich	
5. Die Zuschauer lachen und klatschen Beifall	

Kleine Hilfe: *e Grimasse* = starker Gesichtsausdruck / *r Salto* = Drehung in der Luft / *r Trick* = Kunststück

G. Schule und Lernen

1. Im Klassenzimmer

Ergänzen Sie die Adjektivendungen nach *ein/mein/kein*.

1. Jetzt habe ich schon wieder keinen spitz*en* Bleistift. Ich habe so viel__ Bleistifte und immer sind alle stumpf. – Hier ist ein spitz____ Bleistift.
2. Kannst du mir kurz dein französisch____ Wörterbuch leihen? – Ich habe doch gar kein französisch____ Wörterbuch, nur ein englisch____.
3. Hast du meine neu__ Schultasche schon gesehen? – Die ist wirklich schön. Dagegen ist meine alt__ Tasche richtig hässlich.
4. Ich bräuchte farbig____ Papier. Hast du welches? – Ich kann dir nur blau__ oder grün__ Blätter geben.
5. Kennst du schon unseren neu____ Hausmeister? – Natürlich, einen so nett____ hatten wir noch nie!
6. Hier lag doch eben noch mein schwarz____ Kugelschreiber. – Ich habe keinen schwarz____ Kugelschreiber gesehen. Aber hier ist ein blau____. Ist das deiner?

2. Tipps rund ums Lernen

A. Ergänzen Sie das Adjektiv mit der richtigen Endung.

1. *hart* — Es ist zweifellos *hart* (*präd.*), wenn man wochenlang für eine Prüfung lernen muss. Vielleicht sollte man in besonders __________ (   ) Lernzeiten längere Pausen einplanen.
2. *sicher* — __________ (   ) hat jeder mal Probleme mit dem Lernen. Finden Sie heraus, unter welchen Bedingungen Sie am besten lernen können. Das ist ein __________ (   ) Weg zu besseren Lernergebnissen.
3. *bestimmt* — Es gibt __________ (   ) Fehler, die man immer wieder macht. Erstellen Sie Ihre persönliche Fehlerliste und schauen Sie sie öfter an. Damit haben Sie __________ (   ) Erfolg!
4. *natürlich* — Vielleicht haben Sie eine __________ (   ) Begabung für Sprachen? Ihr Glück! Aber __________ (   ) soll möglichst jeder die Chance bekommen, eine Sprache zu erlernen.
5. *richtig* — Man muss beim Lernen nicht immer alles __________ (   ) machen. Mit den __________ (   ) Übungen und der __________ (   ) Methode findet jeder seinen eigenen Weg.
6. *wirklich* — Manche Grammatikkapitel sind __________ (   ) schwer zu lernen. – Texte und Kontexte aus dem __________ (   ) Leben helfen Ihnen dabei.

B. Wird das Adjektiv attributiv beim Nomen (*attr.*), adverbial (*adv.*) oder prädikativ (*präd.*) beim Verb verwendet? Ergänzen Sie die Klammern in *A*.

3. Superlative in der Schule

A. Ergänzen Sie das passende Adjektiv im Superlativ.

alt • hart • intelligent • laut • leicht • ~~nett~~ • schlecht

0. Petra ist meine Freundin. Sie ist das *netteste* Mädchen, das ich kenne.
1. Klaus schreibt nur gute Noten. Er ist der ______________________ Junge in unserer Klasse.
2. Unser Lehrer ist schon 62. Er ist der __________ Lehrer an der Schule.
3. Michael redet immer. Er ist der ____________ Schüler von allen.
4. Nicola rechnet nicht gern. Sie ist die __________________ Schülerin in Mathe.
5. Die Prüfung gestern war sehr schwer. Das war seit langem die ____________ Prüfung.
6. Diese Übung ist nicht so schwer. Aber sie ist auch nicht die ______________ Übung im Buch!

B. Ordnen Sie die Adjektive und ihre Superlativformen in die Tabelle ein.

Adj. / Superlativ + *-est*	Adj. / Superlativ + Umlaut + *-est*
nett / netteste,	

4. Schulzeit

Superlativ auf *-st* oder *-est*? Ergänzen Sie die Formen mit der richtigen Endung.

1. Matthias ist der ält*este* und stärk_____ Schüler in unserer Klasse.
2. Herr Kunze ist zwar der dick_____, aber der beliebt_______ Deutschlehrer.
3. Tina hat den kürz________ und schnell_______ Schulweg.
4. Annika ist die laut_______ und wild_______ von uns.
5. Wir haben den streng_______ Direktor, den man sich vorstellen kann.
6. Unser Schulkiosk hat die frisch________ und billig_______ Bretzeln.
7. Im Sommer ist unser Klassenzimmer das heiß_______ der ganzen Schule.
8. Und natürlich ist unsere Klasse die schlau_______ von allen.
9. Wen findest du in deiner Klasse am nett________?
10. Welcher Lehrer ist dir am sympathisch_______?

Kleine Hilfe: *streng* = hart / *wild* = immer in Bewegung, nie müde

5. Schulfotos

A Was kann man noch sagen?
Ersetzen Sie die *kursiv* geschriebenen Satzteile.

Das hier ist unsere Deutschklasse:

0. Gleich *ganz vorne* [b] sitzt Elena, von der ich dir schon erzählt habe.
1. *In der Mitte* ☐ komme ich.
2. *Links* ☐ erkennt man unseren Lehrer.
3. Er steht wie immer *ganz hinten* ☐.

a. am linken Bildrand
~~b.~~ in der vordersten Reihe
c. in der hintersten Reihe
d. in der mittleren Reihe

Und das ist unsere Schule:

4. Der Eingang ist *an der Seite* ☐.
5. Den sieht man auf dem Foto nicht, er ist hier *rechts* ☐.
6. *Unten* ☐ sind das Büro und die Cafeteria.
7. *Ganz oben* ☐ sind die Klassenräume und ein Computer- und Videoraum.

e. auf der rechten Seite
f. im obersten Stockwerk
g. in den unteren Stockwerken
h. seitlich

B. Ergänzen Sie die Tabelle.

	Adjektiv	Superlativ
vorne/hinten	die *vordere/hintere* Tür	die ______ Reihe
oben/unten	der ______ Teil	der ______ Stock
rechts/links	die ______ Seite	
in der Mitte	der ______ Bereich	
an der Seite	das ______ Fenster	

6. Rund um die Prüfung

Bilden Sie *je-desto*-Sätze. Ergänzen Sie nach *je* den passenden Komparativ und beenden Sie den *desto*-Satz.

besser • früher • leichter • ~~mehr~~ • näher • weniger • wichtiger

0. Je *mehr* man übt, desto *besser ist man auf die Prüfung vorbereitet*.
   gut auf die Prüfung vorbereitet sein
1. Je __________ man anfängt zu lernen, desto ______________________________
   __________. *wenig Stress haben*
2. Je _________ der Prüfungstermin rückt, desto ______________________________.
   nervös werden
3. Je ____________ die Aufgaben sind, desto ______________________________
   ____________. *sie schnell lösen können*
4. Je __________ man vorbereitet ist, desto ______________________________
   ______________________. *problemlos die Prüfung schaffen*
5. Je ______________ die Prüfung ist, desto ______________________________
   ______________. *wenige Fehler machen wollen*
6. Je ____________ Fehler man macht, desto ______________________________
   __________. *gut sein/das Ergebnis*

7. Meinungen zur deutschen Grammatik

Relativieren Sie die Antworten von *schwer* (+++) nach *leicht* (---), indem Sie das Adjektiv verstärken oder abschwächen.

Wie schwer findest du die deutsche Grammatik?

ziemlich • sehr • überhaupt nicht • nicht so • relativ • ~~viel zu~~

0. (+++) Die deutsche Grammatik ist *viel zu* schwer für mich.
1. (++) Ich finde die deutsche Grammatik auch _______ schwer.
2. (+) Ja, ihr habt recht. Die Grammatik ist ____________ schwer.
3. (-) Das ist auch meine Meinung. Die deutsche Grammatik ist __________ schwer.
4. (--) Na ja, eigentlich finde ich die Grammatik ____________ schwer.
5. (---) Genau! Ich finde sie ______________________ schwer.

Schwer? Die deutsche Grammatik ist doch *total leicht*!

8. Anmeldung zum Sprachkurs

Was passt? Ergänzen Sie die Lücken.

0. Wegen Umbauarbeiten bleibt unser Büro bis auf *Weiteres* geschlossen.
1. Sie können sich aber ohne ____________ online anmelden.
2. Auf unserer Homepage erhalten Sie ____________ Informationen.
3. Alles ____________ erfahren Sie direkt von Ihrer Kursleiterin.
4. Falls Sie im nächsten Semester einen ____________ Sprachkurs buchen wollen, können Sie sich schon jetzt anmelden.
5. Wir haben auch viele ____________ interessante Kurse im Angebot.

weitere
weitere
Weitere
weiteren
~~Weiteres~~
Weiteres

6. Sie können jederzeit in einen ____________ Kurs wechseln.
7. Wir können Ihnen auch etwas ganz ____________ vorschlagen. Kommen Sie einfach zu uns in die persönliche Beratung.
8. Alle ____________ Abendkurse sind leider schon voll.
9. Es gibt aber noch freie Kursplätze zu ____________ Zeiten.
10. Es könnte sein, dass der ein oder ____________ Kurs ausfällt, wenn wir zu wenig Anmeldungen haben.

andere
anderen
anderen
anderen
anderes

9. Prüfungsstress

A. Was gehört zusammen? Ordnen Sie zu.

0. <u>Mir</u> ist (es) <u>unbegreiflich,</u> [e]
1. Uns ist jetzt schon übel, [ ]
2. Es ist ihr sicher peinlich, [ ]
3. Ihr wurde richtig schwindlig, [ ]
4. Es ist ihm total lästig, [ ]
5. Es wird euch doch nicht gleichgültig sein, [ ]
6. Ist jedem von euch bekannt, [ ]

a. dass sie die Prüfung nicht bestanden hat.
b. dass er die Prüfung wiederholen muss.
c. wenn wir an die Prüfung denken.
d. welche Noten ihr bekommt.
~~e.~~ warum du dich nicht zur Prüfung anmeldest.
f. dass man die Prüfung nur einmal wieder holen darf?
g. als sie den Brief mit den Prüfungsergebnissen sah.

B. Unterstreichen Sie die Adjektive mit Dativ in *1* bis *6*.

10. In der Sprachenschule

A. Was passt? Ergänzen Sie die Lücken in folgender E-Mail.

anderthalb • die andere • die eine • ein • eine • eine • ~~einer~~ • einer • eins • eine Eins

Hallo zusammen,

seit (0) *einer* Woche bin ich in Düsseldorf an der Sprachenschule. Wir haben zwei Lehrerinnen. (1) ______________ ist wirklich nett, aber (2) ________________ ist viel zu streng und humorlos. Es gibt schon Ärger, wenn (3) ________ von uns nur (4) _______ Frage zu viel stellt. Der Unterricht am Vormittag ist immer anstrengend. (5) _______________ Stunden lang machen wir nur Grammatik! Der Unterricht geht bis halb (6) _______, dann ist bis 14 Uhr Mittagspause. Meist sind wir schon um (7) _____ Uhr mit dem Essen fertig und gehen dann noch Kaffee trinken. Am Nachmittag steht meist ein Museumsbesuch, ein Stadtrundgang oder ein kleiner Ausflug auf dem Programm. Jetzt haben wir nur noch (8) _______ Woche bis zur Abschlussprüfung. Da möchte ich (9) ________________ schaffen. Eine Zwei ist natürlich auch o. k. Drückt mir die Daumen!

Grüße an Euch alle und bis bald

Silke

Kleine Hilfe: *anderthalb* = eineinhalb / *streng* = hart

11. Nach dem Abitur

A. Was fehlt? Ergänzen Sie passende Präposition.

0. Ich bin *froh darüber*, dass ich mein Abitur bestanden habe.
1. Meine Eltern sind zum Glück *da_____ einverstanden*, dass ich zum Studieren nach Berlin gehe.
2. Sie sind aber noch nicht *dar____ gewöhnt*, eine erwachsene Tochter zu haben.
3. Meine Schwester ist *traurig dar_______*, dass ich von zu Hause ausziehe.
4. Ich bin jetzt _____ allen Umzugsvorbereitungen *fertig*. Am Samstag ziehe ich nach Berlin.
5. Wir sind alle *gespannt dar_____*, was mich in Berlin erwartet.
6. Ich bin *überzeugt da_____*, dass mir das Studium in Berlin gefallen wird.

B. Formulieren Sie passende Fragen zu *1* bis *6*.

Sie haben nicht richtig zugehört und fragen nach:

0. *Worüber bist du froh?*

12. Gute und schlechte Noten

Ergänzen Sie die Adjektivendungen im Genitiv.

Warum man eine schlechte Note im Prüfungsteil *Schreiben* bekommt:

0. wegen zu viel<u>er</u> Grammatikfehler
1. auf Grund einer insgesamt schlecht___ Leistung
2. wegen ungenau___ Formulierungen
3. wegen einer zu undeutlich___ Schrift
4. wegen zu einfach___ Ausdrucksweise
5. wegen der viel___ unlogisch___ Satzverbindungen

Warum man eine gute Note im Prüfungsteil *Schreiben* bekommt:

6. auf Grund einer wirklich sehr gut___ Leistung
7. wegen eines fast fehlerfrei___ Aufsatzes
8. wegen der schön___ Formulierungen
9. wegen logisch___ Satzverbindungen
10. wegen der idiomatisch___ Ausdrucksweise
11. wegen der interessant___ Ideen
12. wegen der Verwendung schwierig___ Satzkonstruktionen

13. Diskussionsrunde

Was ist richtig? Streichen Sie den Ausdruck, der nicht passt.

0. *~~Im Allgemeinen~~/Als Erstes* möchte ich kurz auf Ihre Ausführungen eingehen.
1. Ich bin *im Besonderen/im Wesentlichen* derselben Meinung wie Sie.
2. *Im Großen und Ganzen/Im Folgenden* würde ich gern noch ein paar Ergänzungen machen.
3. Wir können *bei Weitem/im Wesentlichen* nicht alle Aspekte diskutieren.
4. *Im Allgemeinen/Im Besonderen* beziehe ich mich auf Europa, *im Allgemeinen/im Besonderen* auf Deutschland.
5. *Als Nächstes/Im Wesentlichen* sollten wir unseren Experten zu Wort kommen lassen.
6. *Im Großen und Ganzen/Als Nächstes* ist dem nichts mehr hinzuzufügen.

14. Tipps für Referate und Prüfungen

A. Bilden Sie Nomen und ergänzen Sie die Nomen mit der richtigen (Adjektiv-)Endung.

0. Zu den Referaten muss ich nicht viel *Neues* sagen.	neu
1. Niemand verlangt ____________ von Ihnen. Sie sollen nur ein kleines Referat halten.	unmöglich
2. Beschränken Sie sich auf das ____________ und sprechen Sie nicht länger als eine Viertelstunde.	nötigst-
3. Alles ____________ sollte auf dem Handout stehen, das Sie verteilen, damit die Zuhörer einen roten Faden haben.	wichtig
4. Am Ende Ihres Referates sollten Sie das ____________ kurz zusammenfassen.	wesentlich
5. Die ____________ unter Ihnen haben Ihr Referat sicher schon fertig.	fleißiger

Kleine Hilfe: *sich beschränken* = hier: nicht alles sagen

B. Was passt? Ergänzen Sie die Lücken.

0. Der Prüfungstermin ist *seit Längerem* bekannt.
1. In zwei Wochen erfahren Sie ____________ zur Prüfung.
2. Sie werden per E-Mail ____________ gehalten.
3. ____________ von Ihnen sind schon gut auf die Prüfung vorbereitet.
4. ____________ unter Ihnen haben die Möglichkeit, einen zusätzlichen Vorbereitungskurs zu belegen.
5. Versuchen Sie ____________ zu geben!

Näheres
Ihr Möglichstes
die meisten
die Schwächeren
~~seit Längerem~~
auf dem Laufenden

15. Deutsche Grammatik

Ersetzen Sie das Adjektiv durch ein Partizip mit *zu*.

0. Deutsche Grammatik – ein *undurchschaubares* System?
   → ein nicht *zu durchschauendes* System
1. Die Beherrschung der deutschen Grammatik ist ein durchaus *erreichbares* Ziel.
   → ein durchaus ______________________ Ziel
2. Aber leider gibt es eine kaum *überschaubare* Menge an Regeln und Formen.
   → eine kaum ______________________ Menge
3. Allein die Adjektive stellen einen vor fast *unüberwindbare* Schwierigkeiten.
   → vor kaum ______________________ Schwierigkeiten
4. Aus *unerklärlichen* Gründen liebe ich die deutsche Grammatik trotzdem.
   → aus nicht ______________________ Gründen
5. Und: Grammatikfehler sind *unentschuldbare* Fehler, oder?
   → nicht ______________________ Fehler

16. Leicht und locker

Wie heißt das Adjektivpaar? Ergänzen Sie.

0. Leicht *und locker*: So üben Sie mit diesem Buch die Adjektive.
1. Gehören auch Sie zu den Leuten, die die deutschen Adjektive *mehr schlecht* ______________ beherrschen?
2. Adjektive, *schön* ______________! Aber noch ein Grammatik-Übungsbuch?
3. Egal, ob *groß* ______________, ob *dick* ______________, dieses Buch bietet jedem etwas!
4. Wir versprechen Ihnen *hoch* ______________, dass keine Übung Zeitverschwendung ist!
5. Sie brauchen nur dieses Buch. Sie müssen nirgends hingehen. Sie können *heimlich, still* ______________ zu Hause lernen.
6. *Über kurz* ______________ werden Adjektive kein Problem mehr für Sie sein!
7. Ihr Erfolg beim Lernen ist uns *lieb* ______________.
8. Unterschätzen Sie dieses Buch nicht. Es ist zwar *klein,* ______________.
9. Bitte zögern Sie nicht, uns *offen* ______________ Ihre Meinung sagen.

aber fein
als recht
und gut
und leise
und teuer
und heilig
~~und locker~~
und ehrlich
oder lang
oder dünn
oder klein

H. Arbeit und Beruf

1. Meine Arbeit im Restaurant
2. Entscheidung
3. Je früher, desto besser
4. Kritische Worte bei der Arbeit
5. Mein Arbeitstag
6. Büro, Büro
7. Jobwechsel
8. Der neue Kollege
9. Aus dem heutigen Arbeitsleben
10. Erfolg
11. Mitarbeiter am Arbeitsplatz
12. Stellenangebot und Arbeitsvertrag
13. Ausland und Beruf
14. Klipp und klar

1. Meine Arbeit im Restaurant

A. Ergänzen Sie nach *besonder-* die richtige Endung.

0. Was an meiner Arbeit besonders ist:
1. Es wird keine besonder__ Ausbildung erwartet.
2. Es werden keine besonder____ Fachkenntnisse vorausgesetzt.
3. Das Alter spielt auch keine besonder__ Rolle.
4. Die Arbeit ist zwar nicht besonder__ gut bezahlt, aber es gibt viel Trinkgeld.
5. Auf Freundlichkeit legt mein Chef besonder____ Wert.
6. Am Nachmittag und Abend ist besonder__ viel los.
7. Es gibt Tage, an denen nichts Besonder____ los ist.
8. Eigentlich ist die Arbeit nicht besonder__ schwer, aber sie kann sehr anstrengend sein.
9. Besonder__ am Wochenende haben wir viele Gäste.
10. Bei besonder____ Anlässen, wie Familienfesten und Hochzeiten, muss alles klappen.
11. Leichte Speisen sind bei den Gästen besonder__ beliebt.
12. Von 12 bis 14 Uhr haben wir ein besonder____ Mittagsmenü zu einem günstigen Preis.
13. Für die Arbeit sind bequeme Schuhe ganz besonder__ zu empfehlen.
14. All das macht diese Arbeit so besonder__ für mich.
15. Ich liebe meine Arbeit. Sie ist für mich etwas ganz Besonder____!

Kleine Hilfe: *e Kenntnis, Kenntnisse / r Anlass, Anlässe* = Grund / *s Menü / r Wert*

B. Wie heißt der in *A* beschriebene Beruf?

____

2. Entscheidung

Ergänzen Sie das passende Adjektivsuffix.

-lich *(7x)* • -ig *(4x)* -isch *(2x)* • -bar *(2x)* • -sam

Hallo Arthur,

jetzt habe ich mich (0) endgültig entschieden. (1) Gemein______ mit Gregor möchte ich mich (2) selbstständ____ machen und eine Firma gründen. So (3) ähn_______ wie ihr das vor zwei Jahren gemacht habt. Meine Eltern sehen das alles sehr (4) krit_________und sind eher dagegen – (5) typ_______ Eltern! Aber ich bin nicht so (6) furcht______ (7) ängst_______ wie sie.
Ich bin natürlich (8) neugier____, was du dazu sagst. Außerdem wären Gregor und ich dir für ein paar Tipps sehr (9) dank______. Deine Erfahrung sind (10) wirk_________ (11) wicht____ für uns.
Am liebsten würde ich dich (12) persön_______ treffen. Wäre das (13) mög_______?
Ich habe (14) grundsätz_______ immer Zeit.

(15) Herz_______e Grüße

Felix

3. Je früher, desto besser

A. Ergänzen Sie die passenden Adjektive im Komparativ.

0. Je *früher* man sich bewirbt, desto *besser*. — früh • gut
1. Je ________________ die Firma, umso ________ Bewerber. — beliebt • viel
2. Je ________ Bewerber, desto _______________ die Chancen, genommen zu werden. — gering • viel
3. Je ___________ das Unternehmen, umso __________ die Gehälter. — groß • hoch
4. Je ___________ die Ausbildung, desto __________ die Chancen, eine Anstellung zu finden. — gut • hoch
5. Je ___________ der Betrieb, desto ________ Angestellte. — viel • groß

B. Bilden Sie vollständige Sätze mit *ist/sind* oder *es gibt*. Achten Sie auf die Stellung.

0. *Je früher man sich bewirbt, desto besser ist es.*

4. Kritische Worte bei der Arbeit

Formen Sie die Sätze um. Verwenden Sie den Komparativ *weniger*.

Man kann seine Kritik unfreundlich	*oder freundlicher formulieren:*
0. Sie arbeiten *viel zu schlampig*. So kann das nicht weitergehen.	Sie sollten versuchen, ihre Arbeit in Zukunft *weniger schlampig* zu erledigen.
1. Keiner will mit Ihnen zusammenarbeiten. Sie sind *viel zu unfreundlich*. Das muss sich ändern.	Sie sollten ________ ________ zu Ihren Kollegen sein. Gute Teamarbeit ist uns wichtig.
2. Sie sind bei Präsentationen immer *viel zu nervös*. Das geht einfach nicht!	Wir geben Ihnen gern ein paar Tipps für Ihre Präsentationen. Dann sind Sie ________ ________.
3. Außerdem sprechen Sie *viel zu undeutlich*. Es ist sehr anstrengend, Ihnen zuzuhören.	Sie sollten darauf achten, ________ ________ zu reden, damit man Sie besser versteht.
4. Sie machen während der Arbeitszeit *zu viele* Pausen. Das ist nicht erlaubt.	Machen Sie bitte ________ Pausen. Unsere Zeit ist knapp.

Kleine Hilfe: *e Präsentation* = r Vortrag / *schlampig* = unordentlich

5. Mein Arbeitstag

A. Bilden Sie Adjektive auf *-lich* und ergänzen Sie die Lücken. Achten Sie auf die Endungen.

0. *Tag* Ich fahre *täglich* mit dem Bus zur Arbeit.
1. *Morgen* Beim ________ Kaffee mit den Kollegen wird der Tag besprochen.
2. *Woche* Montagfrüh ist die ________ Besprechung mit dem Chef.
3. *Stunde* Im Büro rufe ich meist ________ meine E-Mails ab.
4. *Monat* Mein Gehalt wird ________ überwiesen.
5. *Alltag* Die ________ Einkäufe erledige ich nach der Arbeit.
6. *Abend* Den Tag beende ich mit einem ________ Spaziergang mit dem Hund.
7. *Jahr* Am wichtigsten ist mir der ________ Sommerurlaub mit meinem Freund!

B. Ergänzen Sie die Tabelle. Markieren Sie die Besonderheiten der Adjektivformen.

Stunde	
Tag	*täglich*
Woche	
Monat	

Jahr	
Morgen	
Abend	
Alltag	

6. Büro, Büro

Ergänzen Sie das passende Adjektive mit der Negation *-un*.
Achten Sie auf die Endungen.

1. Unser Chef ist einfach *unmöglich*! Er hält uns für total ______________________.
   Absolut ______________________! Außerdem behauptet er, wir würden ______________________ im Internet surfen.
   ~~*möglich*~~ • *verständlich* • *selbstständig* • *unterbrochen*
2. Zum Glück habe ich einen ____________________ Vertrag bekommen. Aber mein Gehalt finde ich wirklich ____________________. Meine Gehaltsvorstellungen wären angeblich ________________ gewesen.
   erfüllbar • *befristet* • *angemessen*
3. Das Verhalten meiner Kollegin finde ich ______________________. Sie kann doch nicht wochenlang ______________________ fehlen. Aber vielleicht hat sie auch _________________ Urlaub genommen.
   bezahlt • *entschuldigt* • *verantwortlich*
4. Die neue Aushilfe ist leider sehr ________________. Außerdem sitzt sie die meiste Zeit nur ___________ herum. Für den Job in unserer Abteilung ist sie eher ________________.
   tätig • *erfahren* • *geeignet*

Kleine Hilfe: *angemessen* = passend / *befristet* = für eine bestimmte Zeit / *unterbrochen* = mit Pausen

7. Jobwechsel

Ergänzen Sie die passenden Satzteile.

meiner Arbeit meist zufrieden • gespannt • mich nicht leicht • ~~Ihnen sehr dankbar~~ • meine Entscheidung enttäuscht • den Bereich Produktmarketing zuständig • geduldig

Lieber Herr Krenzle,

ich bin (0) *Ihnen sehr dankbar für* Ihre Unterstützung in den vielen Jahren bei Hansen. Sie waren immer sehr (1) ____________ *mit* mir. Ohne Sie hätte ich nicht so viel gelernt und wäre nicht so lange in diesem Job geblieben. Ich weiß, dass Sie *über* (2) ______________________________________ sind und deswegen ist es *für* (3) ____________________, die Firma endgültig zu verlassen. Ich weiß auch, dass Sie *mit* (4) ______________________________________ waren. Aber ich muss an meine berufliche Zukunft denken und noch weitere Erfahrungen sammeln. Übrigens werde ich in meinem neuen Job auch *für* (5) ______________________________________ sein. Ich bin schon sehr (6) ____________ *auf* die neuen Herausforderungen.

Herzlichen Dank für die jahrelange gute Zusammenarbeit

Ihr Volker Lohmann

8. Der neue Kollege

Ergänzen Sie die passenden Adjektive.

beschäftigt • enttäuscht • gespannt • ~~ungeeignet~~ • verantwortlich

▲ Ich finde, unser neuer Kollege ist total (0) *ungeeignet* *für* seinen Job.

● Findest du? Wieso?

▲ Eigentlich ist er *für* die Werbung (1) ________________, aber er ist völlig fantasielos.

● Stimmt. *Von* seinem letzten Werbeprospekt war ich auch (2) ________________.

▲ Angeblich ist er immer *mit* fünf Sachen gleichzeitig (3) ________________. Das kann nicht gut gehen.

● Ich bin mal (4) ________________ *auf* die geplante Plakat-Aktion.

beliebt • freundlich • immun • offen

● Eigentlich ist er ja *zu* allen sehr (5) ________________.

▲ Ich weiß. Er ist auch *bei* den meisten Kollegen recht (6) ____________.

● Ich finde, er ist relativ (7) __________ *für* Vorschläge. Das Problem ist eher, dass er *gegen* jede Kritik (8) __________ ist.

bezeichnend • eifersüchtig • unkritisch • verwandt

● Ja, das ist (9) ________________ *für* ihn.

▲ Er soll übrigens *mit* dem Chef (10) ________________ sein. Deswegen ist der Chef ihm *gegenüber* auch so (11) ________________.

● Es gibt einige, die deswegen (12) ________________ *auf* ihn sind.

▲ Kann sein, ich jedenfalls nicht.

Kleine Hilfe: *bezeichnend* = typisch / *eifersüchtig* = neidisch / *immun* = unempfindlich

9. Aus dem heutigen Arbeitsleben

A. Ergänzen Sie das passende Adjektiv auf *-ig*.

auswärtige • baldige • bisherigen • derzeitigen • gestrige • heutiger
~~jetziger~~ • mehrmaligen • morgigen • vorherigen

1. Unser *jetziger* Chef will die Firma verlassen. Ich bin neugierig, was wir in der ______________ Sitzung darüber erfahren.
2. Seit Dienstag haben wir ______________ Gäste im Haus. Nach ______________ Terminverschiebungen hat schon niemand mehr mit ihrem Besuch gerechnet.
3. Ich hoffe auf eine ____________ Gehaltserhöhung. Ansonsten werde ich kündigen. Zum Glück ist das ______________ Personalgespräch recht positiv verlaufen.
4. Über die ______________ Arbeitsbedingungen kann ich wirklich nicht klagen. Bei der ______________ Firma waren sie nicht so gut.
5. Mit meiner ______________ Karriere bin ich sehr zufrieden. Aus ____________ Sicht würde ich alles wieder genauso machen.

B. Von welchen Adverbien leiten sich die Adjektive ab? Ergänzen Sie die Tabelle.

Adverb / Adjektiv
jetzt/jetzig,

10. Erfolg

Ergänzen Sie das passende Adjektiv.

fest
groß
hoch
~~klein~~
locker

0. Aller Anfang ist schwer! Jeder fängt mal *klein* an.
1. Wer _______ hinaus will, muss bereit sein, etwas dafür zu tun.
2. Ich bin _______ entschlossen, meine Ziele zu erreichen!
3. Lassen Sie nicht __________, wenn Sie weiterkommen wollen!
4. Mit etwas Glück kommen auch Sie _______ heraus!

dick
dünn
kalt
kurz

5. Mit meinen fünf Fremdsprachen im Lebenslauf habe ich wohl etwas zu _______ aufgetragen.
6. Im Vorstellungsgespräch könnte es mich deswegen _______ erwischen.
7. Wissen Sie vielleicht, wo gute Stellen nicht _______ gesät sind?
8. Schließlich will niemand zu _______ kommen!

11. Mitarbeiter am Arbeitsplatz

Welche Personengruppe ist gemeint? Ergänzen Sie.

Auszubildende • Berufstätige • ~~Studierende~~

0. Wir bieten allen *Studierenden* der Informatik die Möglichkeit, bei uns ein Praktikum zu machen, um Erfahrung für den Beruf zu sammeln.
1. Wir stellen ab sofort ________________ im technischen Bereich ein. Voraussetzung ist die Mittlere Reife.
2. Wir nehmen auch ________________ über 40, die neue Herausforderungen suchen. Bewerben Sie sich mit Lebenslauf und Passbild.

chronisch Kranke • Schwangere • Schwerbehinderte

3. Im öffentlichen Dienst müssen bei gleicher Eignung und Qualifikation ________________ bevorzugt eingestellt werden.
4. Für ________________ gelten besondere Arbeitsbedingungen, sie dürfen zum Beispiel nicht nachts arbeiten.
5. Damit sie voll einsatzfähig sind, benötigen ________________ besondere Unterstützung am Arbeitsplatz.

Arbeitslose • Arbeitssuchende • Geringverdienende • Steuerpflichtige

6. Für alleinerziehende ________________ gibt es steuerliche Entlastungen. Dazu gehören Freibeträge und Sonderurlaub.
7. Als ________________ werden Personen bezeichnet, die pro Monat nicht mehr als 325 Euro verdienen.
8. Allen (noch) ________________*n* und ________________*n* wünschen wir, dass sie bald eine geeignete Stelle finden!

Kleine Hilfe: *bevorzugt* = zuerst / *e Entlastung* = Erleichterung / *r Freibetrag* = Geld, für das man keine Steuern zahlt / *e Mittlere Reife* = mittlerer Schulabschluss

12. Stellenangebot und Arbeitsvertrag

Ergänzen Sie das passende Adjektiv mit der richtigen Endung.

jeweilig • ~~künftig~~ • langfristig • sofortig • sorgfältig • zuständig

0. Unsere *künftige* Führungskraft muss fachlich und sozial kompetent sein.
1. Wir planen ________________ und suchen jemanden im mittleren Alter mit ausreichender Berufserfahrung.
2. Bei entsprechender Eignung wären Sie für den gesamten Personalbereich ________________.

3. Bevor wir eine Entscheidung treffen, werden alle Bewerbungen ______________ angeschaut und geprüft.
4. Ausschlaggebend sind nicht nur die ______________ Fachkenntnisse und Referenzen, sondern auch der persönliche Eindruck.
5. Jeder Kandidat erhält auf seine Bewerbung eine ______________ Rückmeldung.

anderweitig • etwaig • gegenseitig • obig • sonstig

6. Lesen Sie Ihren Vertrag genau durch. ______________ Unklarheiten können wir gern telefonisch besprechen.
7. Unter der ______________ Nummer sind wir jederzeit erreichbar.
8. Sie haben eine Woche Zeit, den Vertrag zu unterschreiben, bevor wir die Stelle ______________ vergeben.
9. Haben Sie noch Fragen oder ______________ Ergänzungen?
10. Wir hoffen auf gute Zusammenarbeit und ______________ Vertrauen.

Kleine Hilfe: *ausschlaggebend* = entscheidend

13. Ausland und Beruf

Ergänzen Sie das passende Adjektiv. Achten Sie auf die Endungen.

0. Der Artikel über berufliche Auslandsaufenthalte ist wirklich *lesenswert*.
1. Wir arbeiten international, deswegen sind Fremdsprachenkenntnisse ______________.
2. Es ist ______________, wie viele Sprachen mein Kollege beherrscht.
3. Wir können Ihnen interessante und ______________ Stellen im In- und Ausland anbieten.
4. Wir sehen es als ______________ Entscheidung an, wenn Sie im Ausland eingesetzt werden wollen.
5. Mitarbeiter mit Sprachkenntnissen sind immer ihr Geld ______________!

begehrenswert
bewundernswert
~~lesenswert~~
lobenswert
wert
wünschenswert

6. Für unsere ausländischen Mitarbeiter suchen wir laufend ______________ Wohnungen im Stadtbereich.
7. Meine Freundin ist nach zwei Jahren im Ausland zur Marketing-Leiterin aufgestiegen. Eine ______________ Karriere!
8. Finden Sie auch, dass es ______________ ist, im Ausland zu arbeiten oder glauben Sie, dass es nur ______________ Zeit kostet?
9. In besonderen Schulungen erfahren Sie alle ______________ Details über Ihr Gastland.
10. Berufliche Jahre im Ausland können auch finanziell ______________ sein.

beneidenswert
erstrebenswert
lohnenswert
preiswert
wertvoll
wissenswert

14. Klipp und klar

Ergänzen Sie das passende Adjektivpaar.

1. Ein früherer Arbeitskollege ist [c] *still und heimlich* verschwunden, nachdem er sich mit seiner eigenen Firma [ ] ____________ ____________ verdient hat. Angeblich lebt er jetzt in Brasilien.
2. Wir müssen [ ] ____________ auf eine Gehaltserhöhung verzichten. Man hat uns bei der letzten Mitarbeiterversammlung [ ] ____________ gesagt, dass es unserer Firma wirtschaftlich nicht mehr so gut geht.

- a. dumm und dämlich *(ugs.)*
- b. klipp und klar *(ugs.)*
- ~~c.~~ still und heimlich
- d. wohl oder übel

3. In der Personalbesprechung wurde uns [ ] ____________ ____________ erklärt, wie in Zukunft Kosten eingespart werden können. Wir sind alle [ ] ____________, weil sogar von Kurzarbeit und Kündigungen die Rede war.
4. Der Geschäftsleitung muss aber klar sein, dass man frühere Absprachen nicht einfach für [ ] ____________ erklären kann. [ ] ____________ reicht es uns, dass wir nicht einmal nach unserer Meinung gefragt werden.

- e. fix und fertig *(ugs.)*
- f. lang und breit
- g. langsam, aber sicher
- h. null und nichtig

5. Unsere Personalchefin wurde letzten Monat versetzt und ist [ ] ____________ gegangen. Keiner weiß warum, aber eine bessere wird [ ] ____________ nicht zu finden sein.
6. Es heißt zwar, es werde keine Kündigungen geben und wir könnten unserem Chef [ ] ____________ vertrauen. Aber ich glaube, dass das [ ] ____________ falsch ist. In der Zeitung steht nämlich was anderes.

- i. sang- und klanglos
- j. voll und ganz
- k. weit und breit
- l. schlicht und ergreifend

7. Ein Kollege behauptet seit Wochen [ ] ____________, dass die Firma verkauft werden soll. Wir haben ihm schon [ ] ____________ versichert, dass das nicht stimmt. Er will es einfach nicht glauben.
8. Es wird Zeit, dass der Direktor mal [ ] ____________ ____________ mit uns redet. Er ist zwar manchmal etwas [ ] ____________, aber er muss uns endlich sagen, was wirklich los ist.

- m. doppelt und dreifach
- n. offen und ehrlich
- o. steif und fest
- p. steif und förmlich

Kleine Hilfe: *Absprache* = Vereinbarung

J. Medien, Aktuelles und anderes

1. Was meinst du?
2. Sommer 2003
3. Vulkanasche
4. Kurzmeldungen
5. Aus der Zeitung
6. Die Euro-Scheine
7. Politisch instabil
8. Furchtbares Erdbeben
9. *Mit* oder *ohne*?
10. Im Land der Märchen und Sagen
11. Aus der Welt des Films
12. Vereine und anderes
13. Technik-Trends
14. Globale Erwärmung
15. An der Börse
16. Aus der Wirtschaft
17. Deutsch-deutsche Zeitgeschichte

1. Was meinst du?

A. Ergänzen Sie den Superlativ.

Wer ist zurzeit ...

0. *reich* der *reichste* Mensch der Welt?
1. *klein* die ______________ Frau der Welt?
2. *gut* die _________ Schauspielerin in Deutschland?
3. *beliebt* der ____________________ Politiker in den USA?
4. *berühmt* der _____________________ Koch Frankreichs?
5. *schnell* der __________________ Mann der Welt?
6. *bekannt* der ____________________ Sportler Deutschlands?
7. *schön* die _______________ Frau der Welt?
8. *erfolgreich* die _________________________ Unternehmerin in Europa?
9. *groß* von allen Politikern der Welt der ___________ Lügner?
10. *sympathisch* die __________________________ Deutschlehrerin, die du kennst?

Kleine Hilfe: *r Unternehmer* = jemand, der eine Firma leitet

B. Antworten Sie nach folgendem Muster:

0. *Zu den reichsten Menschen der Welt zählt wahrscheinlich Bill Gates.*

C. Antworten Sie nach folgendem Muster:

0. *Einer der reichsten Menschen der Welt ist wahrscheinlich Bill Gates.*

2. Sommer 2003

Komparativ oder Superlativ? Ergänzen Sie das passende Adjektiv in der richtigen Form. Achten Sie auf die Endungen.

1. Der Jahrhundertsommer 2003 war der *heißeste* Sommer in Deutschland seit ______ als 100 Jahren. *heiß • viel*
2. Seit 1901 gab es nie einen _______________ Juni als in diesem Jahr. Die Sonne schien um 40 Prozent _______________ als im Durchschnitt. *häufig • heiß*
3. Es herrschte wochenlang ________________ Urlaubswetter, vergleichbar den Mittelmeerländern. Es gab die _____________ Sonnenstunden und die _______________ Niederschlagsmengen, die je ermittelt wurden. *gering • schön • viel*
4. Wegen der Trockenheit gab es allerdings massive Ernteausfälle. Den ____________ Schaden richtete das Wetter in Brandenburg an. Anders als die Bauern feierten die Winzer ein positives Rekordjahr. Weine von 2003 gehören zu den __________ Jahrgängen. *groß • gut*

3. Vulkanasche

A. Bilden Sie Adjektive auf *-lang* und ergänzen Sie sie an der richtigen Stelle im Satz.

Liebe Petra,

du hast sicher von der Vulkanasche gehört. Ich muss dir unbedingt erzählen, was uns da passiert ist.

Jahr (0) *jahrelang* Du weißt doch, dass wir unseren Urlaub in Deutschland verbracht haben und einmal ein anderes Land kennenlernen wollten.
Woche (1) __________ Deswegen haben wir Angebote in Reisekatalogen und im Internet gesucht, bis wir uns für eine Flugreise nach London entschieden haben.
Monat (2) __________ Wir haben uns auf den Urlaub gefreut und waren pünktlich am Flughafen. Aber wegen der Vulkanasche ging kein Flieger.
Stunde (3) __________ Wir haben auf Informationen gewartet.
Minute (4) __________ Als ich dann vorgeschlagen habe, besser wieder in Deutschland Urlaub zu machen, hat niemand aus der Familie reagiert.
Tag (5) __________ Und du weißt ja, dass viele Passagiere am Flughafen festsaßen. Wir haben dann doch in Deutschland Urlaub gemacht und sind direkt vom Flughafen einfach mit dem Auto losgefahren.
Aber das erzähle ich dir später ...

Deine Susanne

Kleine Hilfe: *e Asche* = das, was übrig bleibt, wenn etwas verbrennt / *r Flieger (ugs.)* = Flugzeug / *r Vulkan* = Berg, der Feuer spuckt

B. Ergänzen Sie die Tabelle.

Nomen im Plural + *-lang* → Adjektiv	
Sekunde	
Jahrzehnt	
Jahrhundert	

Zusatzaufgabe: Bilden Sie mit den Adjektiven auf *-lang* eigene Sätze.

4. Kurzmeldungen

Ergänzen Sie die Endungen.

0. **Vermischtes** Vierzehnjährige studiert Mathematik
1. **Lokales** Amoklauf eines Betrunken__
2. **Sport** Wimbledon: Alle Deutsch__ eine Runde weiter
3. **Ausland** Erdbeben: Weitere Überlebend__ gefunden
4. **Gesundheit** Jugendlich__ machen zu wenig Sport
5. **Lokales** Massenunfall auf A8 mit sechs Verletzt__
6. **Wirtschaft** Wut bei den Beschäftigt__ der Metallindustrie
7. **Gesundheit** Auch Jünger__ von Diabetes betroffen
8. **Ausland** Vulkanausbruch: Viele Reisend__ sitzen an Flughäfen fest
9. **Gesundheit** Verheiratet__ leben länger
10. **Politik** Steuern sparen auf Kosten der Ärmer__
11. **Lokales** Unbekannt__ legt Feuer in Einfamilienhaus

5. Aus der Zeitung

Ergänzen Sie die Adjektivendungen im Nominativ.

0. **Einbruch bei Juwelier:** Alle wertvollen Uhren der Marke ...
1. **Stau auf der Autobahn:** Etlich__ genervt__ Urlauber mussten ...
2. **Neueste Umfrage:** Nur jed__ zweit__ Bürger will ...
3. **Sturm über Deutschland:** Sämtlich__ innerdeutsch__ Flüge sind...
4. **Konzert:** Mehrer__ jugendlich__ Besucher haben ...
5. **Freibadsaison eröffnet:** Folgend__ städtisch__ Bäder öffnen ...
6. **Steuergesetze:** Manch__ ander__ Länder haben ...
7. **Tierversuche:** Solch__ medizinisch__ Forschungen werden ...
8. **Fundbüro:** Manch__ verloren__ Geldbeutel landet ...

6. Die Euro-Scheine

A. Was gehört zusammen? Ordnen Sie zu.

Wussten Sie, dass auf den sieben verschiedenen Euro-Scheinen Fenster oder Tore von Gebäuden aus sieben verschiedenen Epochen abgebildet sind? Überlegen Sie oder schauen Sie nach!

0. Der 5-Euro-Schein [e]
1. Der 10-Euro-Schein [ ]
2. Auf dem blauen 20-Euro-Schein [ ]
3. Der 50-Euro-Schein [ ]
4. Der 100-Euro-Schein [ ]
5. Der 200-Euro-Schein [ ]
6. Auf dem lila 500-Euro-Schein [ ]

a. ist dem Barock gewidmet. Er ist grün.
b. zeigt die Baukunst der Renaissance. Er ist orange.
c. ist rot und repräsentiert den romanischen Baustil.
d. ist gelb-braun und zeigt eine typische Brücke der Eisen- und Glasarchitektur des beginnenden 20. Jahrhunderts.
~~e.~~ ist grau und der kleinste Schein. Er verweist auf die klassische Architektur der Antike.
f. sind gotische Fenster zu erkennen.
g. sind Elemente der modernen Architektur des ausgehenden 20. Jahrhunderts abgebildet. Er ist der größte Schein.

B. Was kann man noch sagen? Ergänzen Sie das jeweils passende Zahlwort.

0. Könnten Sie mir einen Fünfer *(5-Euro-Schein)* wechseln?
1. Kannst du mir bis morgen einen __________ *(10-Euro-Schein)* leihen?
2. Wo ist denn der ______________ *(20-Euro-Schein)*, der hier eben noch lag?
3. Tut mir leid. Ich habe keine zwei ______________ *(50-Euro-Scheine)*.
4. Ich habe nur einen ______________ *(100-Euro-Schein)*.
5. Den ____________________ *(200-Euro-Schein)* finde ich total unpraktisch.
6. Haben Sie schon einmal einen ____________________ *(500-Euro-Schein)* gesehen?

7. Politisch instabil

A. Was bedeuten die Adjektive? Ordnen Sie zu.

0. Die politische Lage ist *instabil*. [d]
1. Die Bevölkerung ist *desillusioniert*. [ ]
2. Es herrschen *anormale* Verhältnisse. [ ]
3. Die Regierung ist *desorganisiert*. [ ]
4. Der Präsident *inkompetent*. [ ]
5. Die Menschen sind *demoralisiert*. [ ]
6. Der Schaden für das Land ist *irreparabel*. [ ]

a. unfähig und hilflos
b. mutlos und erschöpft
c. unnatürlich und extrem
~~d.~~ unsicher und unbeständig
e. ungeordnet und chaotisch
f. nicht mehr gut zu machen
g. enttäuscht und ohne Hoffnung

B. Ordnen Sie die Adjektive aus *A* in die Tabellen ein.

Vorsilben mit negativer Bedeutung	
un-	*in-/irr-/ill-*
	instabil,

Vorsilben mit negativer Bedeutung	
de-/des- (+ Partizip)	*a-*

C. Was ist richtig? Streichen Sie die Vorsilbe, die nicht passt.

0. Der Präsident ist *~~a~~/un/tätig*.
1. Die Bevölkerung ist weitgehend *de/des/informiert*.
2. Eine Verbesserung der Lage ist im Moment *irr/un/realistisch*.
3. Die hygienischen Verhältnisse sind *in/un/akzeptabel*.
4. Der *de/il/legale* Handel blüht.
5. *In/Un/offiziell* ist von baldigen Neuwahlen die Rede.

D. Ordnen Sie die Adjektive aus *C* in die Tabellen ein.

8. Furchtbares Erdbeben

Was kann man auch sagen?
Ergänzen Sie das Adjektiv auf *-bar*. Achten Sie auf die Verneinung.

0. Das Erdbeben ließ sich *nicht vorhersehen*. – Das Erdbeben war *unvorhersehbar*.
1. Das Chaos kann man sich *nicht vorstellen*. – Das Chaos ist einfach ______________________.
2. Das Leid der Menschen ist *nicht* zu *fassen*. – Das Leid ist _______________.
3. Nicht alle Opfer lassen sich *identifizieren*. – Nicht alle Opfer sind ________________________.
4. Die meisten Häuser können *nicht* mehr *bewohnt* werden. – Die meisten Häuser sind ____________________ geworden.
5. Das Wasser kann man nicht mehr *trinken*. – Das Wasser ist nicht mehr _____________.
6. Die Lebensmittel vor Ort verderben und sind mittlerweile *nicht* mehr zu *genießen*. – Die Lebensmittel vor Ort sind mittlerweile ____________________.
7. Die meisten Probleme sind kaum zu *lösen*. – Die Probleme sind kaum __________.
8. An eine schnelle Verbesserung der Lage ist *nicht* zu *denken*. – Eine schnelle Verbesserung der Lage ist ________________.

Schnelle Hilfe wäre *wunderbar!*

9. *Mit* oder *ohne*?

A. Bilden Sie Adjektiv-Attribute mit *-voll* oder *-los*. Achten Sie auf die Endungen.

0. *humorvolle* Menschen *(mit Humor)*
1. ______________________ Verhalten *(von Respekt geprägt)*
2. ________________________ Film *(ohne Anspruch)*
3. _______________ Geschichte *(die Reiz hat)*
4. _____________________ Liebe *(ohne Hoffnung)*
5. ___________________ Schloss *(ohne Herr)*
6. ______________ Prinzessin *(ohne Herz)*
7. ________________________ Burg *(mit Geheimnissen)*
8. _________________ Paläste *(mit Prunk)*
9. _________________ Zeiten *(die Glanz kennen)*
10. _______________ Wandern *(ohne Ziel)*
11. __________________ Freiheit *(ohne Grenzen)*
12. ____________ Weite *(ohne Ende)*

B. Welche Nomen aus *A* können sowohl das Adjektiv auf *-voll* als auch auf *-los bilden*?

0. *Humor: humorvoll ↔ humorlos*

10. Im Land der Märchen und Sagen

A. Welches Verb passt? Bilden Sie das Partizip Perfekt und ergänzen Sie die Lücken. Achten Sie auf die Endungen.

vergiften • verkleiden • verlassen
verlieren • ~~verzaubern~~ • verzweifeln

0. In welchem Märchen ist der Frosch ein *verzauberter* Prinz?
1. Wie heißt die Prinzessin, deren ________________ Vater alle Spinnräder aus seinem Reich verbannen lässt?
2. Kennen Sie ein Märchen, in dem eine ________________ Königin und ein ________________ Apfel vorkommen?
3. Wo spielt ein ________________ Schuh eine Rolle?
4. Wie heißen die beiden ________________ Kinder, die sich im Wald verlaufen?

verfluchen • vergraben • verschwinden • versinken • verstoßen

5. Nach welchem ________________ Schatz dauert die Suche bis heute an?
6. Wie heißt die ________________ Stadt, von der heute noch geträumt wird?
7. Wer ist der aus der Tafelrunde ________________ Ritter?
8. Wer ist für die ________________ Kinder von Hameln verantwortlich?
9. Wie heißt die ________________ „Bergfrau" am Rhein, deren Gesang unzähligen Schiffern das Leben gekostet hat?

B. Wie heißen die Märchen in *0* bis *4* und wie die Sagen in *5* bis *9*? Orden Sie zu.

Märchen			Sagen		
0	*c*	a. Aschenputtel	5		f. Atlantis
1		b. Dornröschen	6		g. Lancelot (Artus-Sage)
2		~~c.~~ Froschkönig	7		h. Loreley
3		d. Hänsel und Gretel	8		i. Nibelungen
4		e. Schneewittchen	9		j. Rattenfänger von Hameln

11. Aus der Welt des Films

Was bedeuten die Adjektiv-Fremdwörter auf *-al*? Ergänzen Sie das passende Adjektiv mit der richtigen Endung.

Was man hört oder liest, wenn über Kinofilme berichtet wird:

banal • brutal • emotional • fatal • genial • monumental • normal • real • ~~trivial~~

0. *Triviale* *(belanglose, alltägliche)* Handlung
1. ____________ *(nichtssagender, langweiliger)* Beginn, ____________ *(verhängnisvolles)* Ende
2. Eine ________ *(wahre)* Geschichte einer ______________ *(durchschnittlichen)* Familie
3. Ein sehr ___________________ *(gefühlsbetontes)* Drama mit einigen ____________ *(grausamen)* Szenen
4. Ein _____________________ *(gewaltiger)* Film mit ______________ *(außergewöhnlichen)* Spezialeffekten

epochal • ideal • international • katastrophal • minimal
optimal • phänomenal • sentimental

5. Ein ________________________ *(furchtbarer)* Flop an den Kinokassen
6. Trotz _______________ *(sehr niedriger)* Drehkosten ein ________________________ Erfolg *(in allen Ländern)*
7. Ein _______________ *(bedeutendes, zeitübergreifendes)* Werk, das Filmgeschichte schreiben wird
8. Eine _____________ *(bestmögliche)* Besetzung der Haupt- und Nebenrollen,

   die sich in den _____________________ *(überragenden)* Leistungen der Schauspieler widerspiegelt
9. ______________________ *(rührseliger)* Film, den vor allem Romantiker mögen werden
10. Der __________ *(passende)* Film für ein langweiliges Wochenende!

12. Vereine und anderes

A. Was gehört zusammen? Verbinden Sie die Satzteile.

0. Der Bund deutscher Tierfreunde. e.V (BDT) [a]
1. Der Verband der Chemisch____ Industrie e.V. (VCI) [ ]
2. Der Bundesverband der Frei____ Berufe (BFB) [ ]
3. Die Studienstiftung des Deutsch____ Volkes [ ]

~~a.~~ wurde 1999 in Kempten gegründet und setzt sich für den Tierschutz ein.
b. von 1949 vertritt mittlerweile 66 Organisationen und 16 Landesverbände mit über einer Million Freiberuflern.
c. wurde 1957 als Anstalt des Öffentlich____ Rechts vom Bayerischen Landtag gegründet und vergibt Stipendien an besonders begabte Schüler und Studenten.
d. mit Sitz in Frankfurt am Main vertritt die Interessen von 90 Prozent der deutsch____ Chemieunternehmen.

B. Ergänzen Sie die fehlenden Genitiv-Endungen in *A*.

13. Technik-Trends

Ergänzen Sie das passende Adjektiv. Achten Sie auf die Endungen.

1. *Sogenanntes* Hybrid-TV: Das sind Fernseher mit ____________ Internet-Anschluss. Sie erlauben, ____________ Sendungen doch noch zu sehen oder einen ____________ Film aus dem Internet anzuschauen.

   bestimmten / integriertem / ~~sogenanntes~~ / verpasste

2. Die ____________ Küchenmaschine: Sie hat eine ____________ Platte und kann nicht nur rühren, sondern auch kochen. Sogar die ____________ Saucen gelingen!

   erhitzbare / neueste / schwierigsten

3. ____________ Licht im Kühlschrank: ____________ Lampen sorgen dafür, dass das Gemüse keine ____________ Vitamine verliert.

   besondere / natürliches / wertvollen

4. Das Video-Babyphone für ____________ Schlaf: Jeder Laut und selbst die ____________ Bewegung des Babys wird übertragen. Die neue Technik ermöglicht sogar im Dunkeln ____________ Bilder.

   kleinste / ruhigen / scharfe

Kleine Hilfe: *erhitzbare Platte* = Fläche, die heiß gemacht werden kann / *integriert* = eingebaut / *rühren* = bewegen / *wertvoll* = wichtig

14. Globale Erwärmung

A. Ergänzen Sie die *je*-Sätze.

0. Die Erde erwärmt sich immer mehr,
je *höher der Ausstoß von Treibhausgasen in die Atmosphäre ist.*
Der Ausstoß von Treibhausgasen in die Atmosphäre ist hoch.

1. Die Waldbrandgefahr in den Mittelmeerländern wird immer größer,
je ______________________________.
Die Sommer sind trocken und heiß.

2. In Europa wird es immer wärmer,
je ______________________________
______________________________.
Die Kraft des Golfstroms nimmt durch die Erderwärmung ab.

3. Der Meeresspiegel steigt weiter an,
je ______________________________
______________________________.
Das Meer erwärmt sich und die Polkappen schmelzen ab.

4. Krankheitserreger und Infektionen wie Malaria werden sich immer schneller in Europa verbreiten,
je ______________________________
______________________________.
Die Klimazonen verschieben sich immer weiter nach Norden.

5. In Ländern der Dritten Welt gibt es immer mehr Hungersnöte,
je ______________________________
______________________________.
Die Ökosysteme werden durch Naturkatastrophen zerstört.

B. Formen Sie die Sätze um. Verwenden Sie *Je ... desto.*

0. *Je höher der Ausstoß von Treibhausgasen in die Atmosphäre ist, desto mehr erwärmt sich die Erde.*

15. An der Börse

Bilden Sie aus dem passenden Verb ein Adjektiv auf *-wert* und ergänzen Sie die Lücken. Achten Sie auf die Endungen.

0. Welche Aktien sind zurzeit empfehlenswert?
   beraten • empfehlen

1. Leider hat sich die Situation an der Börse noch nicht ____________________ gebessert.
   nennen • sagen

2. Die Wirtschaft befindet sich derzeit in einem ____________________ Zustand.
   beklagen • beweinen

3. Trotz des schwachen Euros ist der Aktienmarkt ____________________ stabil geblieben.
   bemerken • wahrnehmen

4. Einzelne Aktien haben in den letzten Wochen eine durchaus ____________________ Entwicklung gezeigt.
   auffallen • beachten

5. Besonders ____________________ sind die Aktien der Chemie- und Pharmaunternehmen.
   erwähnen • feststellen

6. Um die Anleger vor schlechter Beratung zu schützen, wären neue Gesetze ____________________.
   begrüßen • vorstellen

16. Aus der Wirtschaft

Ergänzen Sie das passende Partizip mit der richtigen Endung.

0. Die *anhaltende* Wirtschaftskrise bereitet den meisten Firmen Sorgen.
1. Ein Problem sind die ______________________ Umsatzzahlen.
2. Die ________________________ Unternehmen erholen sich nur schwer.
3. _____________________ Arbeitskräfte sind oft nicht zu finden.

angeschlagen
~~anhaltend~~
nachlassend
qualifiziert

4. Der _______________________________ Handel an der Börse ist unberechenbar.
5. Die Folge sind z. B. ______________________ Aktien.
6. Der Kurseinbruch im ___________________ Jahr hat die Anleger vorsichtig werden lassen.
7. Im _______________ Jahr ist mit keiner Erholung der Märkte mehr zu rechnen.

computergesteuert
laufend
überbewertet
vergangen

8. Der ______________ Ölpreis belastet den Eurokurs.
9. Es profitieren ____________________________ Unternehmen wie Autohersteller.
10. Hoch ____________________ EU-Länder haben Probleme, neue Kredite zu bekommen.
11. Auch die stark _________________ Zinsen verhindern Kredite.

exportorientiert
gefallen
sinkend
verschuldet

12. Die _________________ Nachfrage nach Immobilien hat zu einem Engpass auf dem Wohnungsmarkt geführt.
13. Die Folge sind _______________ Grundstückspreise.
14. Die ____________________ Baubranche hofft jetzt auf eine Wiederbelebung des Geschäfts.
15. Aber auch in anderen Branchen gibt es kein _____________________ Wachstum mehr.

gestiegen
stagnierend
überhöht
ungebremst

17. Deutsch-deutsche Zeitgeschichte

Ergänzen Sie die passende Adjektivkombination.

freies, unabhängiges
freie, gleiche und geheime
persönliche, gesellschaftliche und wirtschaftliche
Tausende überglückliche
totalitäre politische
unterschiedliche politische und wirtschaftliche
~~wichtiges historisches~~

0. Der 3. Oktober 1990 ist ein *wichtiges historisches* Datum in der deutschen Geschichte.

1. Bis zu diesem Tag war Deutschland 40 Jahre lang in zwei ______________________________ Systeme geteilt.

2. Anders als die Bundesrepublik Deutschland war die Deutsche Demokratische Republik (DDR) kein ______________________________ Land.

3. In Deutschland gibt es ______________________________ Wahlen, die den Bürgern die politische Mitbestimmung ermöglichen.

4. Im Herbst 1989 kam es in der DDR zu massenhaften Demonstrationen gegen das ______________________________ Einparteiensystem der SED (Sozialistischen Einheitspartei Deutschlands).

5. Die friedliche Revolution hatte Erfolg und endete am 9. November 1989 mit dem Fall der Mauer. ______________________________ Menschen aus Ost und West lagen sich in den Armen und feierten.

6. Die Wiedervereinigung Deutschlands am 3. Oktober 1990, dem heutigen Nationalfeiertag, hat den Bürgern der DDR ______________________________ ______________________________ Freiheit gebracht.
Der Prozess des Zusammenwachsens von Ost und West ist aber nach über 20 Jahren immer noch nicht beendet.

K. Teste dich selbst!

Schwierige Übungen für Mutige

1. Anklage
2. Mörderisch
3. Das Altmühltal
4. Äußerlichkeiten
5. Kinderleicht?
6. Steinern, golden oder silbern
7. Schuldlos und schuldenfrei
8. Krisenstimmung in der Firma
9. Blaue Wunder erleben
10. *Alles, was wir geben mussten*
11. Mach's besser
12. Redewendungen
13. Überrascht?
14. Aus der Medizin
15. Spielsüchtig

1. Anklage

Ergänzen Sie die Adjektivendungen.

Der wegen (0) mutmaßlich*er* Erpressung (1) angeklagt__ Heinz Baumann ist nach rund (2) dreimonatig____ Untersuchungshaft wieder auf (3) frei____ Fuß. Laut Gericht besteht kein (4) dringend____ Tatverdacht mehr. Kurz nach der Erklärung verließ der (5) 48-jährig__ Baumann in Jeans und (6) weiß____ T-Shirt das Gefängnis und fuhr im Auto seines Anwalts mit (7) unbekannt____ Ziel davon. Der im September (8) beginnend__ Prozess muss klären, ob er schuldig oder unschuldig ist.

2. Mörderisch

A. Bilden Sie Adjektive auf *-lich* oder *-isch* und ergänzen Sie. Achten Sie auf Veränderungen gegenüber den Nomen und auf die Endungen.

1. *mörderisches* Spiel – ____________________ Revolution
   Mörder • Friede
2. ____________________ Idylle – ____________________ Hektik
   Land • Stadt
3. ____________________ Stadtkern – ____________________ Tradition
   Dorf • Bauer
4. ____________________ Gehalt – ____________________ Benehmen
   Fürst • König
5. ____________________ Wappen – ____________________ Leben
   Kaiser • Hof
6. ____________________ Freiheit – ____________________ Farben
   Künstler • Kunst
7. ____________________ Gewohnheiten – ____________________ Gefühle
   Haus • Heim
8. ____________________ Liebe – ____________________ Rat
   Mutter • Vater
9. ____________________ Ruhe – ____________________ Glück
   Himmel • Erde

Kleine Hilfe: s *Wappen* = 

B. Welche zwei Nomen aus A können sowohl das Adjektiv auf *–lich* als auch auf *–isch* bilden?

____

3. Das Altmühltal

A. Ergänzen Sie die Adjektivendungen.

Mitten in Bayern liegt der *Naturpark Altmühltal*, eine der (0) beliebtest*en* Urlaubsregionen Süddeutschlands. (1) Einmalig__ Naturschauspiele und (2) wertvoll__ Landschaftsräume sind hier bewahrt, (3) bedeutend__ Zeugnisse der Kulturgeschichte erhalten und (4) zahlreich__ Attraktionen für Besucher geschaffen. Entdecken Sie einen (5) faszinierend____ Landstrich Bayerns. Unterwegs mit dem Boot, dem Rad oder zu Fuß gibt es (6) prächtig__ Schlösser, (7) stolz__ Burgen und (8) herrlich__ Kirchen und Klöster zu bewundern. (9) Bestaunenswert__ sind auch die (10) viel____ (11) römisch____ Zeugnisse im Altmühltal: (...) (12) Beeindruckend__ Felsen, (13) sanft__ Flusswindungen oder (14) sonnig__ Uferhänge – das Land im Altmühltal hat (15) viel__ Gesichter. (...) Die Landschaft ist ein (16) wertvoll____ Erbe.

aus: www.nationale-naturlandschaften.de/naturparks

Kleine Hilfe: *e Attraktion* = Besonderheiten / *e Flusswindung* = Kurven eines Flusses /
r Landschaftsraum = Teil einer Landschaft / *r Landstrich* = Teil eines Gebietes /
s Naturschauspiel = das, was die Natur zeigt / *e Region* = Gebiet, Gegend

B. Ordnen Sie die Adjektive in die Tabelle ein.

-ig/-lich/-isch	*-reich/-voll/-wert*	Partizip Präsens *-nd*	andere
			beliebt,

4. Äußerlichkeiten

Was ist richtig? Streichen Sie das Adjektiv oder Adverb, das nicht passt.

0. Der *äußere/~~äußerliche~~* Schein trügt manchmal.
1. *Innen/Innerlich* war er sehr nervös, aber man hat es ihm nicht angemerkt.
2. Bei schriftlichen Prüfungen ist auch die *äußere/äußerliche* Form wichtig.
3. Leider kann man nicht immer die *innere/innerliche* Ruhe bewahren.
4. Jeder Mensch hat eine *innere/innerliche* Uhr, die biologische Uhr, die den Schlaf-Wach-Rhythmus steuert.
5. Beim Schlafen spielen auch *äußere/äußerliche* Faktoren wie Dunkelheit oder Lärm eine Rolle.
6. Wichtig für einen gesunden Schlaf ist auch, dass man *innen/innerlich* zur Ruhe kommt.

5. Kinderleicht?

Ergänzen Sie das passende Adjektiv mit *kind-/kinder-*. Achten Sie auf die Endungen.

kind-	-lich *(2x)* • -isch • -gerecht
kinder-	-los • ~~-arm~~ • -reich • -freundlich • -feindlich • -lieb • -sicher

0. Mit durchschnittlich 1,38 Kindern je Frau im Jahr 2008 ist Deutschland ein *kinderarmes* Land.
1. Manchmal liest man, dass Deutschland ______________________ ist. Familien mit Kindern hätten es schwer, eine Wohnung zu finden, Kinder seien zu laut und würden stören u. a. Stimmt das wirklich?
2. Das teure Leben in Großstädten wie München können sich meist nur Singles oder ______________ Ehepaare leisten.
3. Natürlich gibt es auch in Deutschland __________________ Familien mit drei oder mehr Kindern.
4. Wir sind ein ___________________________ Unternehmen und beschäftigen viele Mütter in Teilzeit.
5. Obwohl meine Kollegin schon 30 Jahre ist, hat sie noch ein sehr ______________ Aussehen.
6. Spar dir deine _______________ Bemerkungen! Sie helfen uns bei unserem Projekt nicht weiter.
7. Für die ______________ Entwicklung ist das Zusammensein mit anderen Kindern, z. B. im Kindergarten, von großer Bedeutung.
8. Fremdsprachen im Kindergarten sollten möglichst ________________ vermittelt werden, d. h., das Lernen soll vor allem Spaß machen.
9. Wir suchen für unseren Kindergarten einen __________________ Hausmeister mit starken Nerven.
10. Die Eingangstür ist __________________ und kann nur von Erwachsenen geöffnet werden.
11. Diese Übung war sicher nicht __________________!

6. Steinern, golden oder silbern

Ergänzen Sie das passende Adjektiv.

1. Du liegst mit deiner Vermutung *goldrichtig*. Meine Uhr hier ist nicht aus Gold, sondern nur ______________.
2. Aber von meinem Opa habe ich eine __________________ Uhr geerbt.
3. Meine Eltern feiern bald ___________ Hochzeit. Meine Mutter hat sich passend für diesen Anlass _________________ Schuhe gekauft.
4. Hast du schon das Baby meiner Schwester gesehen? Es sieht total __________ aus.

echtgoldene
Goldene
goldig
goldfarbene
~~goldrichtig~~ *(ugs.)*
vergoldet

5. Das Foto in dem ___________________ Bilderrahmen zeigt meine Eltern.
6. Mein Vater trägt darauf seinen _____________________ Hochzeitsanzug, der ihm auch heute noch passt.
7. Er ist da schon etwas älter, wie man unschwer an den ___________ glänzenden Haaren erkennt.
8. Die _____________ Kette, die meine Mutter trägt, war übrigens das erste Geschenk meines Vaters, als sie noch jung waren.

silberne
silbrig
silberfarbenen
versilberten

9. Mein Uropa ist _____________ geworden. Er war fast 100, als er gestorben ist.
10. Meine Großeltern wiederum waren ________________ und wir haben ein großes Haus von ihnen geerbt.
11. Als sie starben, war meine Mutter lange Zeit wie ____________ _______ und kaum ansprechbar.
12. Das ehemalige Haus meiner Großeltern liegt in der Nähe der _________________ Brücke in Regensburg. Die Brücke stammt aus dem 12. Jahrhundert und ist das bekannteste Wahrzeichen der Stadt.
13. Im Garten dieses Hauses wächst nicht so viel, weil die Erde zu ___________ ist.
14. Im Winter ist es manchmal sehr kalt und der Boden ist _______________ gefroren. Da wächst dann gar nichts mehr.

Steinernen
steinig
steinalt
steinhart
steinreich
versteinert

7. Schuldlos und schuldenfrei

Ergänzen Sie das passende Adjektiv auf *-los* oder *-frei*. Achten Sie auf die Endungen.

schuldlos
schuldenfrei

0. Als das Unternehmen, bei dem wir angestellt waren, Konkurs anmelden musste, haben wir sozusagen *schuldlos* von einem Tag auf den anderen unseren Job verloren.
1. Daraufhin haben wir uns zu fünft selbstständig gemacht und eine Softwarefirma gegründet. Das Geschäft lief von Anfang an so gut, dass wir bereits in kürzester Zeit __________________ waren.

problemlos
konfliktfrei

2. Wir hatten Glück. Wir verstehen uns prima und unser Erfolg ist nicht zuletzt eine Folge unserer harmonischen und __________________ Zusammenarbeit.
3. Es ist uns auch relativ __________________ gelungen, genügend Kunden zu gewinnen. Jetzt leben wir fast nur von Mundpropaganda.

arbeitslos
arbeitsfrei

4. Erfolg heißt aber auch Arbeit. Leider gibt es im Moment nur selten ein __________________ Wochenende für uns.
5. Das ist manchmal sehr anstrengend. Allerdings ist uns der Stress lieber, als noch einmal __________________ zu werden.

sorglos
sorgenfrei

6. Natürlich wissen wir, dass das nicht immer so bleiben wird und wir nicht zu __________ in die Zukunft blicken dürfen.
7. Aber wenn es so weiterläuft, wird uns unsere Firma noch lange ein __________________ Leben ermöglichen.

8. Krisenstimmung in der Firma

Bilden Sie aus dem Relativsatz das passende Partizip: Partizip I, II oder Partizip mit *zu*.

0. *mehrere streikende Mitarbeiter*
   mehrere Mitarbeiter, die streiken
1. ______________________________
   viele Überstunden, die geleistet werden müssen
2. ______________________________
   manch Kollege, der überarbeitet ist
3. ______________________________
   Arbeitsbedingungen, die Familien belasten
4. ______________________________
   einige Maschinen, die veraltet sind
5. ______________________________
   immer wieder Mittagspausen, die ausfallen
6. *Aber:* ______________________________
   drei Stellen, die neu besetzt werden müssen

9. Blaue Wunder erleben

A. Was gehört zusammen? Ordnen Sie die passenden Redewendungen zu.

0. Im Autohaus nebenan wurde gestern der neue Ferrari vorgeführt. [b]
1. Meinem Freund wurde gestern Nacht der Führerschein abgenommen. [ ]
2. Ich glaube nicht, dass mein Bruder die Führerscheinprüfung auf Anhieb schafft. [ ]
3. Bei Rot über die Ampel?! Sei froh, dass dir die Polizei nicht den Führerschein genommen hat. [ ]
4. Unser Nachbar fährt seit Neuestem einen Porsche. [ ]

a. Da bist du gerade noch mit einem blauen Auge davongekommen.
~~b.~~ Ich ärgere mich grün und blau, dass ich nicht hingegangen bin.
c. Wahrscheinlich war er wieder blau und ist trotzdem gefahren.
d. Da sehe ich leider schwarz.
e. Da kann man gelb vor Neid werden.

5. Ich bin sicher, die Strompreise werden im Laufe des Jahres um 30 Prozent erhöht. [ ]
6. Und letztes Jahr hieß es noch die Stromkosten bleiben stabil. [ ]
7. Ich finde, du übertreibst mal wieder. So teuer kann es doch gar nicht werden. [ ]
8. Vielleicht ändert sich die Strompolitik mit der neuen Regierung. [ ]

f. Die lügen immer das Blaue vom Himmel herunter.
g. Du musst nicht immer gleich schwarzmalen.
h. Da kannst du warten, bis du schwarz wirst.
i. Wenn die Abrechnung kommt, werden wir unser blaues Wunder erleben.

9. Julia verbringt nur noch Zeit mit ihrem Freund und geht kaum mehr zur Arbeit. [ ]
10. Man kann gar nicht mehr vernünftig mit ihr sprechen, so verliebt ist sie. [ ]
11. Julias Freund ist noch sehr jung und hat leider keine Ahnung vom Arbeitsleben. [ ]
12. Vielleicht sollten wir mal mit Julias Chef reden und die Situation erklären. [ ]

j. Sonst kommt sie auf keinen grünen Zweig mehr.
k. An ihrer Stelle würde ich nicht ständig blaumachen.
l. Der ist noch richtig grün hinter den Ohren.
m. Sie sieht alles nur durch die rosarote Brille.

B. Unterstreichen Sie die Farbadjektive in *a-m*.

10. *Alles, was wir geben mussten*

A. Formen Sie die Relativsätze in Partizipien mit *zu* um.

Gesprochene Sprache:	*Schriftsprache:*
0. „Alles, was wir geben mussten" ist ein Roman über menschliche Klone, der *leicht* zu *lesen* ist.	„Alles, was wir geben mussten" ist ein *leicht zu lesender* Roman über menschliche Klone.
1. Er behandelt ein Thema unserer Zeit, das man durchaus *ernst nehmen muss*.	Er behandelt ein ____________ ____________ Thema unserer Zeit.
2. Das Buch löst beim Leser Gefühle aus, die man *kaum beschreiben kann*.	Das Buch löst beim Leser ____________ ____________ Gefühle aus.
3. Es gibt viele Szenen, die nur *schwer zu ertragen* sind.	Es gibt viele ____________ ____________ Szenen.
4. Die Hauptpersonen handeln nach einer Logik, die man als Leser *kaum versteht*.	Die Hauptpersonen handeln nach einer für den Leser ____________ ____________ Logik.
5. „Alles, was wir geben mussten" von Kazuo Ishiguro ist ein Buch, das man *wirklich empfehlen kann*.	„Alles, was wir geben mussten" von Kazuo Ishiguro ist ein ____________ ____________ Buch.

B. Ersetzen Sie die Relativsätze *2* bis *5* durch ein Adjektiv auf *-bar, -lich* oder *-wert*.

0. *„Alles, was wir geben mussten" ist ein leicht lesbarer Roman über menschliche Klone.*

11. Mach's besser

Wie heißt die Redewendung? Bringen Sie die Wörter in die richtige Reihenfolge.

1. *Das Beste ist gerade gut genug.*
   Beste • gut • ist • das • gerade • genug
2. ______________________________
   Besseres • etwas • sich • hält • er • für
3. ______________________________
   besseren • wir • Karten • haben • die
4. ______________________________
   besser • genäht • doppelt • hält

5. ______________________________

beste • ist • Koch • Hunger • der

6. ______________________________

besten • zuletzt • wer • am • lacht • lacht

7. ______________________________

besten • vor • in • Familien • kommt • den • das

8. ______________________________

besten • das • geht • Willen • nicht • beim

9. ______________________________

besser • ist • als • das • nichts

12. Redewendungen

A. Ergänzen Sie den passenden Komparativ oder Superlativ.

0. Das wäre ja noch *schöner*!
1. Wir müssen den Gürtel ________ schnallen und ________ treten.
2. Die ________ Bauern haben die ________ Kartoffeln.
3. Je ________ der Abend, desto ________ die Gäste.
4. Jeder ist sich selbst der ________.
5. Nachts ist es ________ als draußen.
6. Blut ist ________ als Wasser.

dicksten
dümmsten
enger
kürzer
~~schöner~~

dicker
kälter
Nächste
schöner
später

B. Was bedeuten die Redewendungen? Ergänzen Sie die Tabelle.

0	1	2	3	4	5	6
a						

~~a.~~ Das kann niemand von einem erwarten. Darüber wird nicht diskutiert.
b. Die Familie zählt mehr als alles andere.
c. Das ist absoluter Unsinn.
d. Erfolg kann man auch haben, wenn man nicht besonders intelligent ist.
e. Wir müssen uns einschränken und auf manches verzichten.
f. Das sagt man zu Leuten, die zu spät zu einem Fest kommen.
g. Jeder denkt nur an sich.

13. Überrascht?

A. Ergänzen Sie das passende Adjektiv mit *über-* und markieren Sie die Betonung. Achten Sie auf die Endungen.

1. Wir leben schon jetzt in einer *über(a)lterten* Gesellschaft mit vielen ______________ Menschen.
2. Allergien breiten sich aus. Viele reagieren ______________ auf eigentlich harmlose Stoffe. Das ist sicher nicht ______________.
3. Die Rechnung ist ______________. Sie hätte schon vor zwei Wochen beglichen werden müssen. Beim nächsten Mal werde ich mal ______________ zahlen!
4. Unsere neue Kollegin ist nicht ______________ für ihre Arbeit. Im Gegenteil manchmal wirkt sie sogar ______________.
5. Bei der Fahrprüfung war ich ______________ und ______________, weil ich nachts nicht schlafen konnte. Aber ich habe bestanden!
6. Wir sind ______________, dass wir endlich Urlaub haben. Wir sind schon total ______________.

~~überaltert~~
übergewichtig

überempfindlich
übertrieben

überfällig
überpünktlich

überfordert
überqualifiziert

übermüdet
übernervös

überarbeitet
überglücklich

Kleine Hilfe: *(eine Rechnung) begleichen* = bezahlen

B. Wann liegt die Betonung auf *über*, wann nicht? Ordnen Sie zu.

1. Das Präfix *über-* wird auf der 1. Silbe betont, ☐
2. Das Präfix *über-* wird nicht betont, die Betonung liegt auf der 3. oder 4. Silbe des Wortes, ☐

a. wenn ein Adjektiv folgt.
b. wenn ein Partizip folgt. Ausnahme: *überqualifiziert*

C. Welche Adjektive aus *A* können das Gegenteil mit *unter-* bilden?

____

____

14. Aus der Medizin

Ergänzen Sie die Adjektive *mit* oder *ohne* Komma. Achten Sie auf die Reihenfolge und die Endungen.

0. *Schweres allergisches* Asthma kann lebensbedrohlich sein und muss unbedingt behandelt werden. *allergisch • schwer*

1. Das ist kein ______________ ____________ Schnupfen, sondern eine Allergie. *klein • harmlos*

2. Bei einer __________ ____________________ Erkältung sollte man zu Hause bleiben, damit man niemanden ansteckt. *akut • fieberhaft*

3. Zur Schmerztherapie bei Migräne stehen heutzutage ________ ___________ ____________________ ____________________ Medikamente zur Verfügung. *moderne • verträglich • viel • und wirksam*

4. Bei Krebs gibt es ____________ _______ ___________________________ Erkenntnisse. *mehrere • neu • wissenschaftlich*

5. Die ____________________ __________________ Medizin ist auch in Europa anerkannt. *chinesisch • traditionell*

6. Aber es gibt auch ____________________ __________ _________________ Heilmethoden. *alternativ • andere • verschieden*

7. Die Lichttherapie ist eine _____________ ____________ ________________________ Behandlungsmethode bei Hauterkrankungen. *einfach • sicher • und schmerzlos*

8. _______________ ______________ Untersuchungen werden von den Krankenkassen nicht erstattet. *ärztlich • bestimmt*

9. Nur __________ ____________________ Fachbegriffe sind auch für Laien verständlich. *medizinisch • wenig*

10. Haben Sie einen ________ _________________ _____________________________ ________ Hausarzt? *erfahren • gut • und vertrauenswürdig*

Kleine Hilfe: *s Asthma* = starker Husten, sodass man keine Luft mehr bekommt / *erstatten* = bezahlen / *r Hausarzt* = Arzt, zu dem man zuerst geht und der einen kennt / *r Laie* = Person, die nicht vom Fach ist (hier: Nicht-Mediziner) / *e Migräne* = starke Kopfschmerzen, die regelmäßig wiederkommen

15. Spielsüchtig

Ergänzen Sie die Lücken in folgendem Interview.
Es fehlen Endungen, Adjektiv-Suffixe, Präpositionen oder Komparativformen.

Andreas Czerny, seit 2008 Leiter der Landesstelle Glücksspielsucht in Bayern, antwortet auf Fragen der *Süddeutschen Zeitung*:

▲ Wann ist man (0) spielsüchtig?

● (1) Süchtig__ stehen bis zu 20 Stunden (2) täg_______ vor dem Automaten. Sie setzen immer (3) ________ *(viel)* Geld ein und können kaum einen Tag ohne Spiel sein, wenn sie (4) Negativ___ kompensieren wollen.

▲ Was macht das Glücksspiel so (5) tück_______?

● Es ist überall (6) verfüg_____ und fällt nicht auf.

▲ 80 Prozent der Spieler sind abhängig (7) ______ Automaten, nicht (8) ______ Roulette oder Lotto. Was ist (9) ____ ihm so gefährlich?

● Je (10) ________________ *(schnell)* die Wirkung eintritt, desto (11) _____________________ *(gefährlich)*. Bei Lotto gibt es eine Ziehung am Samstag und eine am Mittwoch. Am Spielautomaten passiert (12) all___ in Sekundenschnelle. Wenn kein Geld mehr vorhanden ist, werden (13) viel__ (14) Süchtig__, sogar (15) gebildet__ Akademiker, kriminell.
Für (16) viel__ ist die Spielsucht auch der Beginn einer (17) kriminell____ Karriere.

▲ Wie (18) erfolg________ ist die Therapie von (19) Spielsüchtig____?

● Bei (20) Alkoholkrank____ liegt die Erfolgsrate (21) längerfrist____ bei 50 Prozent. (22) Spielsüchtig__ liegen leider noch darunter. Das Problem ist, dass die Spielhallenflut immer (23) _____________ *(groß)* Ausmaße annimmt und die (24) Süchtig____ nicht sofort in die Beratung kommen. Aber dann spüren wir die Folgen umso (25) ______________ *(heftig)*. Die Politik muss dringend etwas dagegen unternehmen.

Süddeutsche Zeitung vom 26. 10. 2010 (gekürzt und verändert)

Kleine Hilfe:

Endungen:	-e / -e / -e / -e / -e / -e / -en / -en / -en / -en / -es / -es
Suffixe:	-bar / ~~-ig~~ / -ig / -isch / -lich / -reich
Komparative:	gefährlicher • größere • heftiger • mehr • schneller
Präpositionen:	an • vom • vom

Grammatikteil

1. Deklination
2. Komparation
3. Graduierung und Negation
4. Partizipien
5. Nominalisierung
6. Wortbildung
7. Ergänzungen
8. Zahlen

1. Deklination

- Die Deklination des Adjektivs orientiert sich an der Deklination des Artikels.
- Es gibt immer nur *eine* Signalendung für Kasus *(Nominativ/Akkusativ/Dativ/Genitiv)*, Numerus *(Singular/Plural)* und Genus *(Maskulinum/Femininum/Neutrum)*. Das Signal ist entweder am Artikelwort *oder* am Adjektiv.
- Die Signalendungen sind sog. starke Endungen, wie z. B. -m *(Dat. Sg. m/n)*. Hat der Artikel eine starke Endung, erhält das Adjektiv die sog. schwache Endung *-e* oder *-en*.
- Die Signalendungen sind identisch mit den Endungen der Personalpronomen *er/sie/es*.

Nominativ Singular		Nominativ + Akkusativ Singular			
e r	*Maskulinum*	sie	*Femininum*	e s	*Neutrum*
de r	Tisch	di e	Lampe	da s	Bild
de r	alt*e* Tisch	de e	alt*e* Lampe	da s	alt*e* Bild
ein alte r	Tisch	ein e	alt*e* Lampe	ein alte s	Bild
alte r	Tisch	alt e	Lampe	alte s	Bild

Akkusativ Singular		Dativ Singular			
ih n	*Maskulinum*	ih m	*Maskulinum / Neutrum*	ih r	*Femininum*
de n	Tisch	de m	Tisch / Bild	de r	Lampe
de n	alt*en* Tisch	de m	alt*en* Tisch / Bild	de r	alt*en* Lampe
eine n	alt*en* Tisch	eine m	alt*en* Tisch / Bild	ein r	alt*en* Lampe
alte n	Tisch	alte m	Tisch / Bild	alte r	Lampe

Nominativ + Akkusativ Plural		Dativ Plural	
si e		ihne n	
di e	Tische	de n	Bildern
di e	alt*en* Tische	de n	alt*en* Bildern
alt e	Tische	alte n	Bildern

- Der Genitiv des Adjektivs, der aber selten vorkommt, weist folgende Besonderheit auf: Im Singular Maskulinum/Neutrum erhält das Adjektiv immer die schwache Endung *-en*. Die Signalendung -s befindet sich an Artikel und Nomen oder nur am Nomen.

Genitiv Singular

Maskulinum / Neutrum		*Femininum*	
der Geruch de s	Weines / Holzes	der Geruch de r	Farbe
de s	alt*en* Weines / nass*en* Holzes	de r	frisch*en* Farbe
eine s	alt*en* Weines / nass*en* Holzes	eine r	frisch*en* Farbe
–	alt*en* Weines / nass*en* Holzes	alte r	Farbe

Genitiv Plural

die Preise de r	Tische
der Charme de r	alt*en* Lampen
der Wert alte r	Bilder

Mehrere Adjektive vor einem Nomen

- Vor einem Nomen können auch zwei oder mehrere Adjektive stehen. Alle Adjektive erhalten dann dieselbe Endung.

Er liest *deutsche, englische und schwedische* Bücher.

- Die Adjektive werden mit Komma bzw. *und/oder* verbunden, wenn sie gleichwertig sind, d. h. in beliebiger Reihenfolge vor dem Nomen stehen können.

Er liest *englische, schwedische und deutsche* Bücher.
Er liest *schwedische, deutsche oder englische* Bücher.

- Zwischen den Adjektiven steht kein Komma, wenn die Adjektive das Nomen unterschiedlich stark bestimmen. Dem Nomen am nächsten steht das Adjektiv, das für die Bedeutung des Nomens am wichtigsten ist.

Sie liebt *alte deutsche* Filme.
Wir hören gern *ruhige klassische* Musik.

Artikelwort oder Adjektiv?

Ob vor dem Nomen zwei Adjektive stehen oder ob es sich um ein Artikelwort mit nachfolgendem Adjektiv handelt, ist nicht immer klar.

- Artikelwörter, d. h. nur *ein* Signal bei Artikelwort *oder* Adjektiv, sind, bzw. wie Artikelwörter funktionieren:

kein	Wir brauchen keine neu*en* Lampen.
mein, dein, sein, unser *usw.*	Das ist unser* neuer Tisch. *(* r kein Signal, gehört zum Wortstamm)*
jeder, dieser, jener	Dieses alt*e* Bild hat mir mein Opa geschenkt.
alle	Wir haben alle alt*en* Möbel verkauft.
beide	Beide deutsch*en* Filme haben einen Preis gewonnen. *oder:* beide deutsche Filme, *aber:* die beid*en* deutsch*en* Filme
manch, mancher	Manch schönes Bild / Manches schön*e* Bild ist verschwunden.
manche, solche *(Pl.)*	Manch*e* alten Bücher sind sehr wertvoll. *oder:* manche alte Bücher
welcher *(Fragewort)*	Welcher deutsch*e* Film hat dir am besten gefallen?

- Adjektive, d. h. Wiederholung der Signalendung, wenn (weitere) Adjektive folgen, sind, bzw. wie Adjektive funktionieren:

sämtliche	Ich kenne sämtliche deutsche Filme der Nachkriegszeit. *oder analog zu* alle: sämtliche deutsch*en* Filme
folgender *(Sg. + Pl.)*	Folgender interessanter Film läuft gerade im Kino. Folgende interessante Filme laufen gerade im Kino. *oder:* folgender interessant*e* Film folgende interessant*en* Filme
einige, etliche, mehrere	Wir haben mehrere alte Filme auf DVD.
viele*, wenige*, zahlreiche	Jedes Jahr erscheinen viele neue Bücher. *aber:* die viel*en* neu*en* Bücher, die jedes Jahr erscheinen
andere, weitere	Kannst du mir noch andere interessante Bücher empfehlen? *aber:* Wir haben keine ander*en* interessant*en* Bücher.
irgendwelche	Wir suchen irgendwelche alte Möbel. *oder:* irgendwelche alt*en* Möbel

* viel/wenig *im Sg. ohne Endung:* Wir essen viel (frisches) Obst.

Besondere Adjektivformen

- Einige Adjektive haben besondere Formen, wenn sie dekliniert werden:

hoch	*hohe* Tische	
teuer	*teure* Bilder	*ebenso:* sauer
dunkel	*dunkle* Farben	*ebenso:* edel, eitel, heikel, nobel, simpel, übel *Fremdwörter auf* -abel/-ibel: akzeptabel, plausibel

- Bestimmte Adjektive werden nicht dekliniert. Städteadjektive werden groß geschrieben.

super	eine *super* Idee	*ebenso:* klasse
prima	ein *prima* Ergebnis	*ebenso:* lila, rosa
Hamburger	eine *Hamburger* Zeitung	*Städtenamen +* -er: Wiener, Grazer *usw.* *Wegfall des* -e- *der letzten Silbe:* Basel → Basler

Verwendung von Adjektiven

- Adjektive können *attributiv* verwendet werden. Dann bestimmen sie ein Nomen genauer und werden dekliniert.

Das ist eine *schöne* Lampe.

- Adjektive können *prädikativ* verwendet werden. Dann gehören sie zum Prädikat und werden nicht dekliniert.

Die Lampe ist *schön*.

- Adjektive können *adverbial* verwendet werden. Dann bestimmen sie ein Verb oder ein anderes Adjektiv genauer und werden nicht dekliniert.

Wir haben *lang* gesucht.
Sie war *extrem* teuer.

Aber: Nicht alle Verwendungsweisen sind bei allen Adjektiven möglich:

nur *attributiv**	Im *oberen* Stock finden Sie Lampen und Spiegel.
nur *prädikativ*	Es ist mir *egal*, wie viel die Lampe kostet.

* *Adjektive, die von Adverbien wie* oben/unten/links/rechts/heute/morgen *u. a. abstammen*

2. Komparation

Mit dem Komparativ und dem Superlativ wird etwas in Vergleich gesetzt.

Formen

- Die Komparativ- und Superlativformen werden wie die Grundform des Adjektivs dekliniert:

Das ist	ein *schönes* Bild.	*Grundform*
Ich kenne	kein *schöneres* Bild.	*Komparativ*
Das ist	das *schönste* Bild, das ich kenne.	*Superlativ mit Artikel*

Prädikativ oder adverbial bleiben sie undekliniert:

Das Bild ist	schön.	*Grundform*
Aber dieses Bild ist	schöner.	*Komparativ*
Und dieses Bild finde ich	am schönsten.	*Superlativ mit* am

Besondere Formen

- Einige Adjektive haben im Komparativ oder Superlativ besondere Formen:

Grundform	*Komparativ*	*Superlativ*	*→ Adjektivliste*
gut	besser	am besten	
viel	mehr	am meisten	Sie verdient mehr Geld als er. Sie verdient das meiste Geld.
gern *(Adverb)*	lieber	am liebsten	
oft *(Adverb)*	öfter	(am öftesten)	*Superlativ selten, Ersatzform:* am häufigsten
stark	stärker	am stärksten	*Umlaut bei einigen einsilbigen Adjektiven* *a → ä ebenso:* alt, hart, krank, scharf *u. a.*
groß	größer	am größten	*o → ö ebenso:* grob
klug	klüger	am klügsten	*u → ü ebenso:* dumm, jung, gesund *u. a.*

nah	näher	am nächsten	
hoch	höher	am höchsten	
teuer	teurer	am teuersten	*ohne -e- im Komparativ, ebenso:* dunkel *u. a.*
heiß beliebt stolz	heißer beliebter stolzer	am heißesten am beliebtesten am stolzesten	*zusätzliches -e- im Superlativ nach* ß / s / ss / sch / d / t / z, *wenn Adjektiv einsilbig oder letzte Silbe betont* *ebenso:* frisch, wild, laut, spitz *u. a.* *aber:* am komischsten
neu	neuer	am neu(e)sten	*zusätzliches -e- im Superlativ fakultativ* *ebenso:* schlau, frei, froh *u. a.*

Vergleiche mit *wie* und *als*

- Der Vergleich kann mit *(genau)so – wie* bzw. *als* ausgedrückt werden.

Der Film ist *so* gut *wie* das Buch.
Das Buch ist besser *als* der Film.

- Die Vergleichswörter *wie* und *als* können auch einen Nebensatz einleiten:

Das Buch ist nicht *so* interessant, *wie* es zuerst schien.
Das Film war besser, *als* wir erwartet hatten.
verkürzt: besser *als* erwartet
Der Film hat mehr Geld eingespielt, *als* er gekostet hat.

Vergleichssätze mit *je ..., desto*

- Mit *je ..., desto* oder *je ..., umso* können zwei Komparative in Beziehung gesetzt werden:

Nebensatz: je + *Komparativ* *(Verb am Ende)*	*Hauptsatz*: desto/umso + *Komparativ* *(Verb an Position 2)*
Je öfter ich den Film anschaue,	*umso* weniger gefällt er mir.
Je mehr du in der Fremdsprache liest, *verkürzt:*	*desto* besser ist es. *desto* besser.
Je mehr Arbeit man hat, *verkürzt:* *Je* mehr Arbeit,	*desto* mehr Stress hat man. *desto* mehr Stress.

Komparative und Superlative ohne expliziten Vergleich

- Komparativ- und Superlativformen können ähnlich wie die Grundform des Adjektivs für sich stehen:

Komparativ	*Superlativ* (*meist ohne Artikel*)
ein älterer / jüngerer Herr	in jüngster Zeit
in näherer Zukunft	aus nächster Nähe / nächstes Jahr
ärmere / reichere Familien	aus ärmsten Verhältnissen
kleinere / größere Städte	auf kleinstem Raum / unter größter Gefahr
kürzere / längere Aufenthalte	in kürzester / neuester Zeit
ältere / neuere Filme	schlechtestes / schönstes Wetter
in früheren / späteren Werken	seit frühester Kindheit
im engeren Sinn	im weitesten Sinn

3. Graduierung und Negation

Verstärkung und Abschwächung von Adjektiven

- Die Bedeutung eines Adjektivs kann folgendermaßen verstärkt, abgeschwächt oder verneint werden:

	Verstärkung ⊕	*Abschwächung mit Negation* ⊖
	← teuer →	
Die Lampe ist	*ziemlich / relativ / recht* teuer.	*nicht so* teuer / nicht teuer.
	extrem / äußerst / sehr teuer.	*überhaupt nicht / gar nicht* teuer.
	so / zu / viel zu teuer.	→ billig.

- Auch andere Adjektive und Adverbien können ein Adjektiv verstärken oder abschwächen:

Der Film ist	vergleichsweise / verhältnismäßig / einigermaßen *u. a.*	spannend.
	außerordentlich / ausgesprochen / besonders / furchtbar / richtig / total / wahnsinnig *u. a.*	
	unendlich / ungemein / ungewöhnlich / unglaublich / unvorstellbar *u. a.*	
	ganz (*unbetont* ≈ recht) / ganz (*betont* ≈ total)	

Verstärkung durch Zusammensetzung

- Einige Wortbildungselemente, z. B. bestimmte Nomen oder Adjektive, sind besonders produktiv und können mit unterschiedlichen Adjektiven kombiniert werden:

*bitter*kalt	*hoch*spannend	*stein*alt	*tod*langweilig
*blitz*schnell	*hyper*nervös	*stink*normal *(ugs.)*	*top*fit
*brand*neu	*tief*traurig	*stock*dunkel	*über*vorsichtig
*extra*groß	*sau*kalt *(ugs.)*	*super*teuer *(ugs.)*	*ur*gemütlich *u. a.*

- Andere Wortbildungselemente sind nur mit bestimmten Adjektiven kombinierbar und kommen nur in dieser oder ähnlicher Zusammensetzung vor. Dazu gehören:

*bettel*arm	*kern*gesund	*mutterseelen*allein	*riesen*groß
*bild*schön	*klamm*heimlich *(ugs.)*	*haus*hoch	*sonnen*klar *(ugs.)*,
*eis*kalt	*klitze*klein *(ugs.)*	*nagel*neu	*strunz*dumm *(ugs.) (vulg.)*
*heil*froh	*kunter*bunt	*neunmal*klug *(ugs.)*	*wild*fremd *u. a.*
*hunde*müde *(ugs.)*	*pott*hässlich *(ugs.)*	*ober*gescheit *(ugs.)*	

→ *Alphabetische Adjektivliste*

Negation durch Vorsilben

- Die Bedeutung eines Adjektivs kann durch Vorsilben (Präfixe) mit der Bedeutung *nicht* verneint werden.

un-	unbequem, unfreundlich, unmöglich, unschön, untreu, untypisch	*häufigste Vorsilbe*
in- il- *(vor* l*)* / irr- *(vor* r*)*	indiskret, inoffiziell illegal / irrational, irrelevant	*bei einigen fremden Adjektiven*
de- / des- *(+ Vokal)*	demotiviert, dezentralisiert / desorientiert	*bei einigen fremden Partizipien*
a- *	anormal, asozial, apolitisch, atypisch	*eher seltene Vorsilbe*

* *bei Adjektiven mit Negationspräfix* a- *auch Negation mit* un- *möglich*

4. Partizipien

Partizip Präsens und Perfekt

- Partizipien, Partizip Präsens und Partizip Perfekt, können wie Adjektive verwendet werden.
- Einige Partizipien sind zu feststehenden Adjektiven geworden, bei manchen erinnert nur die Form an die zugrundeliegenden Verben.

Partizip Präsens	aufregend, entscheidend, reizend, spannend, wohlhabend *u. a.*
Partizip Perfekt	bekannt, betrunken, geschieden, gespannt, interessiert, verwandt *u. a.*

Partizipialattribute

- Partizipien können im Prinzip von jedem Verb gebildet werden. Sie stehen häufig als Partizipialattribute vor dem Nomen.

Partizip Perfekt	*Partizip Präsens*	*Verb*
motivierte Spieler	motivierendes Training	motivieren
das gewonnene Spiel	die gewinnende Mannschaft	gewinnen
die enttäuschten Fans	das enttäuschende Ergebnis	enttäuschen

- Partizipialattribute können, vor allem in der Schriftsprache, satzähnlich erweitert werden:

das kürzlich *erschienene* Buch
der morgen in der Zeitung *erscheinende* Artikel
der 2010 auf dem Filmfestival in Berlin mit dem Goldenen Bären *ausgezeichnete* Film

Partizip Präsens mit *zu*

- Das Partizip Präsens mit *zu* hat modale Bedeutung und wird ebenfalls vor allem in der Schriftsprache verwendet:

ein wirklich *zu* empfehlender Film	ein Film, den man wirklich empfehlen *kann*
ein nicht *zu* unterschätzendes Buch	ein Buch, das nicht unterschätzt werden *darf*
die noch ab*zu*wartenden Kritiken	Kritiken, die noch abgewartet werden *müssen*

5. Nominalisierung

- Adjektive und Partizipien können nominalisiert, d. h. großgeschrieben und als Nomen verwendet werden.
- Die Endungen der Nomen richten sich nach der Adjektivdeklination. Nominalisierte Adjektive erhalten den Artikel *das* bzw. *der/die* für Personen.
- Einige Nomen sind sehr gebräuchlich und stehen als eigener Eintrag im Wörterbuch.
- Auch Komparativ- und Superlativformen können nominalisiert werden.

Adjektive als Nomen	der Erwachsene, die Jugendlichen *(Pl.)*, ein Arbeitsloser, eine Schwangere, der Fremde, die Deutschen *(Pl.)*, die Schönen und Reichen *(Pl.) u. a.* das Gute, nichts Besonderes, viel Interessantes, alles Weitere, das Neueste, etwas Besseres *u. a.* *aber:* die anderen, alles andere *(kleingeschrieben)*
Partizip Perfekt als Nomen	unsere Bekannten und Verwandten *(Pl.)*, das Neugeborene, der Angestellte, mein Vorgesetzter, ein Betrunkener, der Gefangene *u. a.* Altbekanntes, das Gewünschte, das Erreichte, das Verlorene *u. a.*
Partizip Präsens als Nomen	alle Reisenden, der Vorsitzende, das Bedrückende, nichts Bleibendes *u. a.*

6. Wortbildung

Es gibt zahlreiche Möglichkeiten der Adjektivbildung.
Adjektive können aus verschiedensten Elementen wie Vorsilben / Präfixen, Nachsilben / Suffixen und Wörtern verschiedener Wortarten gebildet, abgeleitet oder zusammengesetzt werden. → *Alphabetische Adjektivliste*

Nachsilben

- deutsche Nachsilben

-ig	abhängig, heutig, kräftig, lustig, neugierig, ruhig, vorsichtig, wichtig, zufällig
-lich	ähnlich, glücklich, hässlich, herrlich, kürzlich, natürlich, schriftlich, wirklich
-isch	automatisch, englisch, fantastisch, historisch, komisch, sympathisch, typisch
-haft	frühlingshaft, glaubhaft, lebhaft, schmerzhaft, traumhaft, vorteilhaft
-bar	dankbar, furchtbar, haltbar, kostbar, offenbar, sichtbar, wunderbar
-sam	gemeinsam, langsam, mühsam, seltsam, sparsam, unterhaltsam, wirksam

- fremde Nachsilben

-ant / -ent	charmant, elegant, riskant, tolerant / intelligent, kompetent, prominent
-al	digital, funktional, ideal, maximal, pauschal, regional, universal, zentral
-ell / -iell	generell, kulturell, sensationell / finanziell, kommerziell, provinziell
-är / -ar	elitär, familiär, imaginär, legendär, primär, revolutionär / linear
–iv	aggressiv, aktiv, instinktiv, kreativ, massiv, produktiv, qualitativ, subjektiv
-ös / -os	infektiös, muskulös, nervös, luxuriös, religiös / dubios, famos
-abel / -ibel	akzeptabel, miserabel, passabel, variabel / flexibel, kompatibel, plausibel

- Adjektive o. Ä. als Nachsilben

-los *(≈ ohne)*	arbeitslos, bedeutungslos, kinderlos
-frei / -leer / -voll	schuldenfrei / menschenleer / kraftvoll
-arm / -reich	salzarm / vitaminreich
-schwach / -stark	nervenschwach / leistungsstark
-nah / -fern / -weit / -fremd	strandnah / lebensfern / landesweit / weltfremd
-wert / -würdig / -gerecht	sehenswert / glaubwürdig / fachgerecht
-freundlich / -feindlich	kundenfreundlich / pressefeindlich
-freudig / -froh / -müde	kontaktfreudig / schadenfroh / lebensmüde
-fest / -sicher / -süchtig	standfest / krisensicher / streitsüchtig
-fähig / -bewusst / -bereit	lernfähig / leistungsbewusst / einsatzbereit
-artig / -förmig / -mäßig	verschiedenartig / gleichförmig / zweckmäßig

Vorsilben

- deutsche und fremde Vorsilben

miss- *(≈ schlecht)*	missgelaunt, missmutig, missverständlich, misswillig
vor-	vorbestraft, voreilig, vorletzte, vorschnell, vorweihnachtlich
außer- / -inner-	außergewöhnlich, außerplanmäßig / innerdeutsch, innerparteilich
über- / unter-	übernatürlich, übernächste / unterdurchschnittlich, unterschwellig

wider- / gegen-	widerrechtlich, widerwillig / gegengleich, gegenseitig
zwischen-	zwischenmenschlich, zwischenzeitlich
inter- *(≈ zwischen)*	interdisziplinär, interkontinental, interkulturell
multi- *(≈ viel)*	multifunktional, multikulturell, multinational

weitere Vorsilben → *GT 3 Negation*

Zusammensetzung (Komposition)

- von Adjektiven mit Wörtern verschiedener Wortarten wie z. B.:

mit Adjektiv	altklug, dunkelrot, frühreif, halbherzig hellblau, kleinlaut deutsch-französisch, mathematisch-naturwissenschaftlich
mit Komparativ	besserwisserisch, höherrangig, längerfristig, mehrsprachig
mit Superlativ	bestmöglich, höchstpersönlich, meistgenannt, weitestgehend
mit Nomen	zeitgleich *(Zeit)*, verantwortungsbewusst *(Verantwortung + s)*, familienfreundlich *(Familie Pl.)*, männerfeindlich *(Mann Pl.)*, siegessicher *(Sieg Gen.)*, todesmutig *(Tod Gen.)*
mit Verb	lernfähig *(lernen)*, rutschfest *(rutschen)*, startklar *(starten)*, bügelfrei *(bügeln)*, reisefreudig *(reisen)*, wagemutig *(wagen)*
andere	selbstbewusst *(Pronomen)* / widernatürlich *(Präposition)*

7. Ergänzungen

Einige Adjektive werden mit Dativ, Akkusativ oder auch Genitiv verwendet, wieder andere haben eine feste Präposition bei sich.
→ *Alphabetische Adjektivliste + Liste der Adjektive mit Präposition*

Adjektive mit Präposition

- Manche Adjektive werden mit Präposition verwendet, die, ähnlich wie bei den Verben mit Präposition, mitgelernt werden muss.
- Die Präposition entscheidet über den Kasus, der folgt.

froh *über* + A	Wir sind froh über die neue Wohnung.
neugierig *auf* + A	Ich bin neugierig auf deine neue Wohnung.
zufrieden *mit* + D	Seid ihr mit eurer neuen Wohnung zufrieden?

- Nach dem Adjektiv kann statt eines Nomens auch ein Nebensatz oder ein Infinitivsatz folgen:

Wir sind *froh (darüber)*, dass wir eine neue Wohnung gefunden haben.
Ich bin *neugierig (darauf)*, deine neue Wohnung *zu* sehen.

- Fragen bildet man mit *wo(r)* + Präposition bzw. Präposition + *wen/wem*:

Womit wart ihr nicht zufrieden?	Mit unserer alten Wohnung.	*bei Dingen + Abstrakta*
Worauf bist du neugierig?	Auf die neue Wohnung.	
Auf wen bist du neugierig?	Auf unsere neuen Nachbarn.	*bei Personen*

Adjektive mit Dativ

- Manche Adjektive haben den Dativ bei sich. In der Regel bezieht sich der Dativ auf Personen.
- Manchmal folgt zusätzlich eine Präpositionalergänzung.

böse	Sei *mir* bitte nicht böse. *aber:* Warum bist du böse *auf* ihn? *(vgl.* wütend auf*)* Sie ist nie böse *zu* den Kindern. *(vgl.* nett zu*)*
sympathisch	Die neuen Nachbarn sind *mir* sympathisch.
treu	Er ist *ihr* immer treu geblieben.
behilflich	Viele Freunde waren *uns beim* Umzug behilflich.
dankbar	Wir sind *ihnen* sehr dankbar *für* ihre Hilfe.

Adjektive mit Akkusativ

- Manche Adjektive können mit Zeit- oder Maßangaben verbunden werden.
  Die Zeit- oder Maßangaben stehen im Akkusativ vor dem jeweiligen Adjektiv.

alt	Das Baby ist *einen Monat* alt.
lang	Es hat *einen Tag* lang nur geregnet.
breit / hoch / tief	Der Schrank ist *3 m (drei Meter)* breit, *2 m (zwei Meter)* hoch und 60 cm *(sechzig Zentimeter)* tief.
wert	Das Bild ist nicht einmal *einen Euro* wert. Das Bild ist *sein Geld* nicht wert.
schuldig *(+D +A)*	Ich bin *ihm zehn Euro* schuldig.

Adjektive mit Genitiv

- Einige wenige Adjektive stehen mit Genitiv. Die Wendungen mit Genitiv werden vor allem in der Schriftsprache verwendet.
- Manchmal steht noch ein Reflexivpronomen im Dativ.

bewusst	Wir sind *uns keiner Schuld* bewusst.
sicher	Ich bin *mir meiner Sache* sicher.
würdig	Sie ist *seiner* nicht würdig.
schuldig	Er ist *des Mordes* schuldig gesprochen worden.
müde	Wir sind *des Wartens* müde. *(≈ Wir haben keine Lust mehr zu warten.)* *aber:* Wir sind müde vom Warten. *(≈ Das Warten hat uns müde gemacht.)*

8. Zahlen

Kardinalzahlen

1 / eins	11 / elf	21 / einundzwanzig	100 / hundert-
2 / zwei	12 / zwölf	22 / zweiundzwanzig	200 / zweihundert
3 / drei	13 / dreizehn	*usw.*	1 000 / tausend
4 / vier	14 / vierzehn	30 / dreißig	12 000 / zwölftausend
5 / fünf	15 / fünfzehn	40 / vierzig	1 000 000 / eine Million
6 / sechs	16 / sechzehn	50 / fünfzig	5 000 000 / fünf Millionen
7 / sieben	17 / siebzehn	60 / sechzig	1 000 000 000 / eine Milliarde
8 / acht	18 / achtzehn	70 / siebzig	
9 / neun	19 / neunzehn	80 / achtzig	
10 / zehn	20 / zwanzig	90 / neunzig	

3 463 512 (drei Millionen vierhundertdreiundsechzigtausendfünfhundertzwölf)

Unsere Wohnung hat fünf Zimmer, aber wir haben nur ein *(betont)* Bad. – Wir haben auch nur eins. Er ist Besitzer zweier/dreier *(Genitiv)* Wohnungen in Berlin.	*Menge / Anzahl*
Die Wohnung ist schon zehn Jahre alt. / Mein Opa wird bald achtzig.	*Alter*
Um 10.45 Uhr (zehn Uhr fünfundvierzig) habe ich einen Termin. Um halb elf mache ich mich auf den Weg.	*Uhrzeit*
(im Jahr) 1910 (neunzehnhundertzehn) / 2012 (zweitausendzwölf)	*Jahreszahl*

eine/die Eins, Zwei, Drei, Vier, Zehn *usw.*, zwei Einsen, drei Zweien ein/der Einser, Zweier, Sechser, zehn Dreier *usw.* *(ugs. z. B. für Schulnoten)*	*als Nomen*
der Fünfer, Zehner, Hunderter *usw.*	*Geldscheine*
einfach, zweifach (doppelt), dreifach, zehnfach *usw.*	+ *-fach*
einmal/einmalig, zweimal/zweimalig, dreimal/dreimalig *usw.*	+ *-mal* *(Adv.)* + *-malig* *(Adj.)*

Ordinalzahlen

der 1./ers*te*	der 7./sieb*te*	der 20./zwanzig*ste*
der 2./zwei*te*	der 8./ach*te*	der 100./hundert*ste*
der 3./drit*te*	der 9./neun*te*	der 1 000./tausend*ste*
der 4./vier*te*	der 10./zehn*te*	der million*ste*
der 5./fünf*te*	der 15./fünfzehn*te*	der milliard*ste*
der 6./sechs*te*	der 19./neunzehn*te*	

Das ist schon unser vierter Umzug.	*Menge/Anzahl*
Wir ziehen am 1. (ersten) März 2011 um.	*Datum*
Weißt du, wer Karl V. (der Fünfte) war?	*als Nomen bei Namen*
Wer ist Erster, Zweiter und Dritter geworden?	*als Nomen bei Platzierungen*

(allein), zu zweit, zu dritt, zu viert, zu zehnt *usw.*	*Personenzahl mit zu*
erstens, zweitens, drittens, viertens *usw.*	*als Adverb*

Alphabetische Listen

Seite

Adjektive und ähnlich verwendete Wörter

*	Wortschatz A1–B1	A1	Übung A1	*idiom.*	idiomatisch
→	siehe/vergleiche	*GT 1*	Grammatikteil Kapitel 1	*ugs.*	umgangssprachlich
↔	Gegenteil/Antonym	*A*	Akkusativ	*vulg.*	vulgär
≈	Synonym	*D*	Dativ	*engl.*	englisch
K	Komposita	*G*	Genitiv	*österr.*	österreichisch

a- → *GT 3*	anormal, asozial, atypisch	J7
abendlich	Wir lieben die abendliche Ruhe auf der Terrasse.	H5
abhängig* *(von + D)*	Ich bin finanziell von meinen Eltern abhängig.	K15
absehbar	Die politische Entwicklung ist nicht absehbar.	E13
absichtlich	Das habe ich wirklich nicht absichtlich gemacht.	
absolut ≈ *vollkommen*	Du hast absolut recht.	K12
absurd ≈ *unsinnig*	Dein Vorwurf ist völlig absurd.	
abweisend	Warum bist du so abweisend zu ihm?	D15
abwesend* ↔ *anwesend*	Ist jemand abwesend? Fehlt jemand?	
ähnlich* *(+ D)*	Deine Schwester sieht dir sehr ähnlich. Das sieht ihm ähnlich. *(idiom.)*	B4 C7 D5 H2
ängstlich*	Er ist vor jeder Prüfung ängstlich und nervös. *K:* überängstlich	B4 H2
aktiv* ↔ *passiv, inaktiv*	Er ist politisch aktiv.	B1
-aktiv → *GT 6*	hyperaktiv, nachtaktiv, radioaktiv	D14/15
aktuell*	Die Zeitung von gestern ist nicht mehr aktuell. *K:* brandaktuell, hochaktuell	D5
akut	Es besteht keine akute Brandgefahr mehr.	K14
-al → *GT 6*	genial, real, sentimental	J11
albern	Ich finde sein Benehmen albern und kindisch.	A16
alle → *GT 1*	Alle Gäste sind zufrieden. Alles Gute! aus aller Welt, vor allem	E1/2/7/10 F9 J4/5
allein*	Ich wohne allein. / einsam und allein *K:* mutterseelenallein, alleinerziehend	B8 D10 E7 H11 J8
aller-*	allerbeste, allergrößte, allerneu(e)ste, allerspäteste	A8

allergisch *(auf/gegen + A)*	Viele Menschen sind allergisch auf Hausstaub.	D11 K14
allgemein*	Das ist allgemein bekannt.	G13
allmählich* ≈ *langsam*	Ich werde allmählich müde.	
alltäglich	Was kann man gegen den alltäglichen Stress tun?	J11
alt* ↔ *neu, jung, modern* älter, am ältesten	Wie alt bist du? Alte Möbel gefallen mir nicht. *K:* uralt, steinalt	A5 A C-D F-G
alt- → *GT 6*	altbacken, altbewährt, altklug, altmodisch	
alternativ*	Ich bin für alternative Energien.	K14
am besten* → *gut*	Wer von euch spricht am besten Deutsch?	A4
am liebsten* → *lieb*	Was isst du am liebsten?	A4
andere* → *GT 1*	Eine andere Möglichkeit gibt es nicht. Die anderen kommen später.	G8/10 J5 K14
anders* *(Adverb)*	Alles ist ganz anders als du denkst. *K:* andersartig	C8 D5 J2
anderweitig	Die Wohnung ist bereits anderweitig vermietet.	H12
angeblich*	Angeblich wollen sie bald heiraten.	
angemessen	Er ist im Büro immer angemessen gekleidet.	H6
angenehm*	Wir wünschen Ihnen einen angenehmen Flug.	F1
angesehen *(bei + D)*	In seiner Heimatstadt ist er ein angesehener Mann.	
angewiesen *(auf + A)*	Wir sind nicht auf ihn angewiesen. *(≈ nicht brauchen)*	
anscheinend* *(Adverb)*	Es brennt Licht, anscheinend ist jemand zu Hause.	
anspruchsvoll	Sie liest nur anspruchsvolle Literatur.	J9
anständig	Das sind anständige Leute.	
ansteckend	Die Krankheit ist nicht ansteckend.	
anstrengend	Ich habe einen anstrengenden Tag hinter mir.	E4 F7 G10
anwesend* ↔ *abwesend*	Bei der Prüfung waren alle anwesend.	B15
arbeitslos*	Zum Glück bin ich nicht arbeitslos.	B9 H11
ärgerlich*	Dieser Fehler ist wirklich ärgerlich.	
arrogant	Mein Kollege ist arrogant und besserwisserisch.	F7

arm* *(an + A)* ↔ *reich* ärmer, am ärmsten	Hier wohnen viele arme Familien. arm wie eine Kirchenmaus *(idiom.)*	A7/16 F15
-arm → *GT 6*	bettelarm, bewegungsarm, bevölkerungsarm, geräuscharm, kalorienarm, schadstoffarm	B17 C16 D17 K5
ärmlich ≈ *arm*	Er stammt aus ärmlichen Verhältnissen.	
-artig → *GT 6*	fremdartig, einzigartig, orkanartig, seidenartig	
ärztlich	Warum will er sich nicht ärztlich behandeln lassen?	K14
atemberaubend	Die Landschaft ist atemberaubend schön.	F17
auf ≈ *offen* ↔ *zu*	Die Tür ist auf.	
auffällig	Sie ist immer auffällig geschminkt.	F15
aufgeschlossen ≈ *offen* *(gegenüber + D)*	Alle Teilnehmer sind sehr aufgeschlossen.	
aufregend	Der Film war nicht besonders aufregend.	A11
aufmerksam*	Ich habe dir aufmerksam zugehört.	
augenblicklich*	Er ist augenblicklich beschäftigt.	
ausgefallen	Sie hat einen sehr ausgefallenen Geschmack.	C14
ausgezeichnet*	Das Essen schmeckt ausgezeichnet.	
ausgleichend	Sport wirkt ausgleichend auf den Alltagsstress. *K:* temperaturausgleichend	D15
ausländisch*	Ich habe viele ausländische Freunde.	F8/9
ausschlaggebend ≈ *entscheidend*	Gute Noten sind im Leben nicht immer ausschlaggebend.	H12
äußere	In Prüfungen zählt auch die äußere Form der Arbeit.	K4
außer- → *GT 6*	außerehelich, außerirdisch, außerplanmäßig	
außergewöhnlich	Der Winter war außergewöhnlich kalt.	J11
äußerlich ↔ *innerlich*	Äußerlich ist er nicht verletzt.	K4
auswärtig	Die auswärtigen Schüler fahren mit dem Bus.	H9
automatisch*	Der Vertrag verlängert sich automatisch.	
bankrott ≈ *zahlungsunfähig*	Der Staat ist bankrott.	

bar*	Zahlen Sie bar oder mit EC-Karte?	
-bar → *GT 6*	behandelbar, machbar, essbar, unschlagbar, vorzeigbar	E9 J8 D14 F12 K10
bairisch	Ich mag den Klang der bairischen Sprache.	E11
baldig	Wir hoffen auf ein baldiges Wiedersehen.	H9
bay(e)risch	Es gibt viele bayerische Traditionen. *K:* urbayerisch	A3 E8 F8
bedeutend	Welche bedeutenden Personen bewundern Sie?	E12 K3
bedrohlich	Die Situation ist nicht bedrohlich. *K:* lebensbedrohlich	
bedroht	Viele Pflanzen sind vom Aussterben bedroht.	
beeindruckend	Der Film ist wirklich beeindruckend.	F17 K3
befreundet *(mit + D)*	Seid ihr miteinander befreundet?	B7
befriedigend*	Das ist keine befriedigende Lösung.	
befristet*	Ihre Stelle ist auf ein Jahr befristet.	H6
begabt	Meine Tochter ist technisch begabt. *K:* hochbegabt, sprachbegabt	D18
begeistert *(von + D)*	Die Mannschaft wurde begeistert empfangen. *K:* kunstbegeistert, sportbegeistert, technikbegeistert	E8/16 F12
begeisterungsfähig	Unser Team ist engagiert und begeisterungsfähig.	F13
begierig → *gierig* *(nach + D / auf + A)*	Wir sind begierig, Deutsch zu lernen. *K:* wissbegierig	
behilflich *(bei + D)*	Wer könnte uns beim Umzug behilflich sein?	B5
behindert*	Er ist von Geburt an behindert. *K:* gehbehindert, lernbehindert, schwerbehindert	D6 H11
beide* → *GT 1*	Beide Mannschaften haben gute Spieler.	B16 E2
beid- → *GT 6*	beidbeinig, beidhändig, beidseitig	
bekannt* *(bei + D / für + A)*	Er ist ein bekannter Fußballer. *K:* altbekannt, stadtbekannt, weltbekannt	B13/15 E8 G9 F8
bekanntlich *(Adverb)*	Lachen ist bekanntlich gesund.	
belanglos ≈ *bedeutungslos*	Die Diskussion war unterhaltsam, aber belanglos.	J11
beleidigt*	Ich weiß nicht, warum er beleidigt ist.	F6

beliebt* *(bei + D)*	Der Direktor ist bei den Schülern sehr beliebt. Deutsch ist eine beliebte Sprache.	B7 E8 G4 H8 J1 K3
bequem*	Das sind sehr bequeme Schuhe.	D6
bereit*	Ich bin gern bereit, dir zu helfen. *K:* bereitwillig	D12
-bereit → *GT 6*	alarmbereit, dialogbereit, griffbereit, startbereit	
beruflich	Er ist oft beruflich unterwegs.	H7/13
berufstätig*	Meine Mutter war immer berufstätig.	H11
berühmt* *(für + A)*	Ich möchte gern reich und berühmt werden. *K:* weltberühmt, berühmt-berüchtigt	E12 F9 J1
beschäftigt *(mit + D)*	Hast du kurz Zeit oder bist du gerade beschäftigt?	H6/8 J4
bescheiden	Sie ist trotz ihres Erfolges bescheiden geblieben.	
besessen *(von + D)*	Er ist besessen von seiner Idee.	
besetzt* ↔ *frei*	Der Platz ist leider schon besetzt.	
besoffen *(ugs.) (vulg.)* → *betrunken*	Er ist jeden Abend besoffen. *K:* stockbesoffen, sturzbesoffen	F10
besondere-*	Haben Sie einen besonderen Wunsch?	H1 G13
besonders* *(Adverb)*	Der Film ist nicht besonders interessant.	H1
besorgt *(um/über + A)*	Er sieht sehr besorgt aus.	E8
besser* beste* / am besten* → *gut*	Es ist besser, wenn ich nicht komme. Der Beste gewinnt. *K:* erstbeste, bestmöglich, besserwisserisch, bestenfalls *(Adverb)*	E3 K11 G6 A4 B6/14 C8/9/15
beständig ≈ *stetig*	Die Zahl der Arbeitslosen sinkt beständig.	
-beständig → *GT 6*	hitzebeständig, UV-beständig, witterungsbeständig	D15
bestens *(Adverb)*	Wir sind bestens auf die Prüfung vorbereitet.	B11
bestimmt*	Sie kommt bestimmt noch.	G2 K14
beteiligt *(an + A)*	Seid ihr an dem Projekt beteiligt?	D12
betroffen *(von + D)*	Mehrere Dörfer sind vom Hochwasser betroffen.	
betrübt ≈ *traurig*	Du siehst so betrübt aus. *K:* hochbetrübt	
betrunken*	Er ist betrunken Auto gefahren. *K:* sturzbetrunken *(ugs.)*	J4

beunruhigt *(über + A)*	Die Regierung ist über die Lage sehr beunruhigt.	D12
bewölkt ≈ *wolkig*	Heute ist der Himmel leider bewölkt.	
bewundernswert	Dein Mut ist bewundernswert.	H13
bewusst *(+ G)*	Wir sind uns keiner Schuld bewusst.	
-bewusst → *GT 6*	modebewusst, pflichtbewusst, schuldbewusst	
bezaubernd	In dem Kleid sieht sie einfach bezaubernd aus.	F17
bezeichnend *(für + A)* ≈ *typisch*	Das ist mal wieder bezeichnend für ihn.	H8
billig* ↔ *teuer*	Das Hotel ist leider nicht sehr billig.	C2/9 G4
biologisch	Alle Stoffe sind biologisch abbaubar.	K4
bisherig	Seine bisherigen Leistungen waren sehr gut.	H9
bitter*	Der Saft schmeckt sehr bitter.	E5
bitter- → *GT 3*	bitterarm, bitterböse, bitterernst, bitterkalt	
bitterlich ≈ *heftig*	Beim Abschied hat sie bitterlich geweint.	
blass* blasser/blässer am bla[ä]ssesten	Er zitterte und war blass vor Angst. *K:* leichenblass, totenblass	
blau*	Heute ist der Himmel blau. Wir waren alle blau. *(ugs. ≈ betrunken)* *K:* knallblau, marineblau, blaugrün	B18 D5–7 G1 F2 K9
bleich	bleich wie die Wand *(idiom.)* *K:* kreidebleich	
blind* → *stumm/taub*	Seit ihrem Unfall ist sie blind. blinder Passagier *(idiom.)*	A16
blitz- → *GT 3*	blitzblank, blitzgescheit, blitzsauber, blitzschnell	F10
blond*	Meine Freundin hat lange blonde Haare.	A1 B1
blöd *(ugs.)* am blöd(e)sten	Ich bin doch nicht blöd! Das Kleid sieht blöd aus.	A10/16
blutig	Deine Lippe ist blutig.	
böse* ↔ *gut* *(+ D / auf + A / zu + D)*	Das ist nicht böse gemeint. Ich bin dir nicht böse. *K:* bitterböse, bösartig, böswillig	A16 B3 D9
brand- → *GT 3*	brandaktuell, brandeilig, brandgefährlich, brandheiß	F10

braun*	Du bist im Urlaub richtig braun geworden. *K:* dunkelbraun, mittelbraun, kastanienbraun	A1 D5/7 F2 J6
brav	Das ist aber ein braver Hund! treu und brav *K:* kreuzbrav *(ugs.)*	C5
breit* ↔ *schmal, eng*	Die Straße ist nicht sehr breit. lang und breit, weit und breit *K:* breitbeinig	C7 E16 H14 D3
brillant ≈ *glänzend*	Er ist ein brillanter Redner.	
brisant	Das Thema ist politisch brisant. *K:* hochbrisant	
brüderlich → *schwesterlich*	Ihr sollt brüderlich teilen.	
brutal	Ich mag keine brutalen Filme.	J10
bunt*	Ich mag buntes Geschirr. Jetzt wird es mir wirklich zu bunt. *(idiom.)* *K:* knallbunt, kunterbunt	A12 B13 C5/6
charakteristisch *(für + A)* ≈ *typisch*	Das Verhalten ist charakteristisch für ihn.	
chemisch	Viele Nahrungsmittel enthalten chemische Zusätze.	J12
chic ≈ *modisch* → *schick*	Hohe Schuhe sind chic.	
chillig ≈ *angenehm* *(ugs. [engl.])*	Der Platz hier ist chillig.	
chronisch	Sie hat chronische Angst vor Misserfolgen.	H11
cool *(ugs. [engl.])* ≈ *super*	Den Schauspieler finde ich cool. *K:* megacool	
dämlich *(ugs.)*	Der Witz ist dämlich. sich dumm und dämlich verdienen *(idiom.)*	H14
dankbar* *(für + A)*	Ich bin dir für deine Hilfe sehr dankbar.	C7 H2/7
dauerhaft ≈ *langfristig*	Die Wohnung ist dauerhaft vermietet.	
dauernd* ≈ *ständig*	Ist das dein Handy, das dauernd klingelt?	A5 D2
de(s)- → *GT 3*	demotiviert, desillusioniert	J7
deftig ≈ *fett*	Ich mag deftiges Essen.	
demokratisch*	In Deutschland wird demokratisch gewählt.	
derb ≈ *grob*	Das Theaterstück hat einen derben Humor.	
derselbe* → *selbe*	Wir haben dieselben Freunde.	G13

derzeitig	Wer heißt der derzeitige Bundespräsident?	H9
deutlich*	Die Mieten sind in diesem Jahr deutlich gestiegen.	G12
deutsch*	Die größte deutsche Stadt ist Berlin. *K:* hochdeutsch, deutschsprachig	D6 E F9 J4/5/12
dicht*	Dichter Nebel behindert den Verkehr. Der Wasserhahn ist nicht mehr dicht.	E2 F1
-dicht → *GT 6*	blickdicht, luftdicht, schalldicht	D15
dick* ↔ *dünn*	Schokolade macht dick. / zusammen durch dick und dünn gehen *(idiom.)* *K:* meterdick, dickköpfig	B1 G4/16 H10 K12
direkt*	Das Hotel liegt direkt am Meer.	G8
doof *(ugs.)*	Das ist eine doofe Frage.	A11
doppelt*	Bitte eine doppelte Portion Eis! / doppelt und dreifach	C12 H14
dramatisch	Die Situation im Katastrophengebiet ist dramatisch.	
dreckig *(ugs.)* ≈ *schmutzig* ↔ *sauber*	Meine Schuhe sind dreckig.	
dreifach* → *GT 8*	Er ist dreifacher Vater. / doppelt und dreifach	H14
dreimal* → *GT 8*	Ich habe dreimal geklingelt.	F11
dringend* ≈ *unbedingt*	Wir brauchen dringend Brot.	K1/15
dritte* → *GT 8*	Sie ist das dritte Kind der Familie.	D5/19 F11
drittens* → *GT 8*	erstens, zweitens, drittens	
dünn* ↔ *dick*	Deine Jacke ist viel zu dünn. *K:* dünnflüssig zusammen durch dick und dünn gehen *(idiom.)*	B1 G16 H10
dumm* dümmer, am dümmsten ↔ *gescheit, klug*	Er ist nicht dumm. Ich lasse mich nicht für dumm verkaufen. *(idiom.)* sich dumm und dämlich verdienen *(ugs.)* *K:* strohdumm, strunzdumm *(ugs.)*	A7/10/16 B1 F10 H14 K12
dunkel* ↔ *hell* dunkler, am dunkelsten	Im Winter wird es früh dunkel. *K:* stockdunkel *(ugs.)*	C1/17 D6 F10 J13
dunkel- → *GT 6*	dunkeläugig, dunkelgrün, dunkelhäutig	F2
durchlässig	Die Grenzen sind durchlässig.	
-durchlässig → *GT 6*	lichtdurchlässig, wasserdurchlässig, winddurchlässig	D15

durchnässt	Nach der Wanderung waren wir total durchnässt.	F14
durchschnittlich*	Das war eine durchschnittliche Leistung. *K:* überdurchschnittlich, unterdurchschnittlich	
durstig	Nach dem Sport bin ich immer sehr durstig.	
echt	Die Uhr ist aus echtem Gold. *K:* echtgolden	K6
-echt → *GT 6*	lebensecht, lichtecht, stilecht	D15
edel, edler, am edelsten	Das sind sehr edle Stoffe.	
egal* ≈ *gleich*	Es ist mir egal, was wir kochen.	B5 C7 F6
egoistisch	Leben wir in einer egoistischen Gesellschaft?	A14
ehelich	Er hat drei eheliche Kinder. *K:* außerehelich, unehelich	
ehrgeizig	Sie ist jung und ehrgeizig.	A14
ehrlich*	Hast du das wirklich ehrlich gemeint? offen und ehrlich *K:* grundehrlich, kreuzehrlich *(ugs.)*	A14 B1 17 G16 H14
eifersüchtig *(auf + A)*	Mein Freund ist leider sehr eifersüchtig.	H8
eigen*	Endlich habe ich eine eigene Wohnung. auf eigene Faust *(idiom.)*, auf eigene Gefahr	A2 C4 G2
eigen- → *GT 6*	eigenartig, eigenhändig, eigenmächtig, eigenständig	
eigentlich*	Eigentlich habe ich keine Lust.	
eilig	Warum hast du es so eilig? *K:* brandeilig, voreilig	
einfach* ↔ *schwer, schwierig*	Deutsch ist nicht einfach. *K:* stinkeinfach *(ugs.)* Die Zimmer sind einfach *(≈ schlicht)* eingerichtet.	G12 K14
eingebildet	Diese Schauspielerin wirkt sehr eingebildet.	A16
eingeschrieben* *(österr.)*	Der Brief ist eingeschrieben geschickt.	
einheimisch	Kennst du alle einheimischen Tiere? *(≈ die hier leben)*	E12
einheitlich	Was halten Sie von einheitlicher Schulkleidung?	
einig	Wir müssen uns endlich einig werden.	
einige* → *GT 1*	Einige Spieler sind verletzt.	F9 J11
einmal*	Warst du schon einmal in Deutschland? Es war einmal ... *(Märchenanfang)*	

einmalig	Das ist eine einmalige Gelegenheit.	K3
einsam	Die Gegend hier ist nachts sehr einsam.	
einverstanden* *(mit + D)*	Ich bin mit allem einverstanden.	G11
einzeln*	Für das Fußballspiel gibt es noch einzelne Karten.	C4 F1
einzig*	Es gibt nur einen einzigen Zeugen. einzig und allein *K:* einzigartig	B14 C7 D8 F9
eisig	Es weht ein eisiger Wind.	F3
eitel eitler, am eitelsten	Er ist eitel und arrogant. Das ist ein eitler Plan. *(≈ ehrgeizig)*	A13/16 K7
eklig	Ich finde Spinnen und Ratten sehr eklig.	
elegant	Sie ist immer sehr elegant gekleidet.	D3
elend	Ich fühle mich elend. *K:* hundeelend, sterbenselend	
elendig	Er ist elendig gestorben.	
elektrisch*	Das Garagentor öffnet sich elektrisch.	
emotional	Meine Eltern reagieren immer sehr emotional.	J11
empfänglich *(für + A)*	Sie ist sehr empfänglich für Komplimente.	
empfehlenswert	Das ist wirklich ein empfehlenswerter Film.	J15 K10
empfindlich *(gegen + A)*	Ich habe sehr empfindliche Haut. *K:* überempfindlich	
-empfindlich → *GT 6*	kälteempfindlich, stressempfindlich, überempfindlich	
endgültig*	Ist eure Entscheidung endgültig?	F1 H2/7
endlich*	Wann haben wir endlich wieder mehr Zeit?	
endlos ≈ *unendlich*	Ich möchte nicht endlos diskutieren.	E16 J9
eng* ↔ *weit*	Die Hose ist leider zu eng. *K:* hauteng, knalleng *(ugs.)*	K12
eng- → *GT 6*	engmaschig, engstirnig, engzeilig	
englisch	Ich liebe den trockenen englischen Humor.	G1
entfernt* *(von + D)* ↔ *nah*	Wir wohnen nicht weit entfernt von der Grenze. Er ist ein entfernter Verwandter von uns.	D12

entscheidend *(für + A)*	Wir stehen vor entscheidenden Veränderungen.	D12
entsetzt *(über + D)*	Alle sind entsetzt über das Unglück.	
entsprechend	Zum Wandern braucht man entsprechende Schuhe.	
enttäuscht *(von/über + D)*	Die Mannschaft war maßlos von sich enttäuscht.	B7 H7/8
erbarmungslos	Die Sonne brennt erbarmungslos.	
erfahren *(in + D)*	Er ist ein erfahrener Lehrer.	H6 K14
erfolgreich	Er ist beruflich sehr erfolgreich.	A15 J1
erfreulich	Das sind erfreuliche Neuigkeiten.	
erfreut *(über + A)*	Er war sehr erfreut, uns zu sehen.	
erfrischend	Kalter Tee ist ein erfrischendes Getränk.	F17
ergreifend	Das ist eine ergreifende Liebesgeschichte. schlicht und ergreifend *K:* herzergreifend	H14
erholsam	Das Wochenende war leider nicht sehr erholsam.	E10
erkältet*	Ich bin seit letzter Woche erkältet.	
erkennbar	Seine Handschrift ist leicht erkennbar.	
erkrankt *(an + D)*	Sie ist schwer erkrankt.	
erlaubt ↔ *verboten*	In diesem Hotel sind Hunde erlaubt.	H4
erleichtert *(über + A)*	Wir sind sehr erleichtert über die Entscheidung.	
erlesen ≈ *kostbar*	Er trinkt nur erlesene Weine.	C14
ernst* ↔ *fröhlich*	Mach doch kein so ernstes Gesicht.	E7 B1 19
-ernst → *GT 6*	biererernst *(ugs.)*, bitterernst, todernst	F10
ersichtlich ≈ *erkennbar*	ohne ersichtlichen Grund	
erstaunt *(über + A)* ≈ *überrascht*	Worüber bist du so erstaunt? Alle machten erstaunte Gesichter.	
erste → *GT 8*	Wann warst du das erste Mal in Deutschland?	E1
erst- → *GT 6*	erstbeste, erstgenannt, erstklassig, erstmalig	
erstens* → *GT 8*	erstens, zweitens, drittens ...	B11
erreichbar	Die U-Bahn ist zu Fuß erreichbar.	G15 H12

etliche → *GT 1*	Ich habe das schon etliche Male gesagt.	F9 J4
europäisch*	Welche europäischen Länder kennst du?	A3
evangelisch*	In Norddeutschland ist man eher evangelisch, in Süddeutschland eher katholisch.	
eventuell* ≈ *möglich*	Eventuell kann ich nicht kommen. *(≈ vielleicht)* Eventuelle Kosten übernehmen wir.	
ewig*	Die Fahrt dauert ja ewig. Die ewige Streiterei nervt. ewig und drei Tage *(idiom.)*	
exakt → *genau*	Eine Minute hat exakt 60 Sekunden.	
exotisch	Exotische Länder faszinieren uns.	K7
extra- → *GT 3*	extragroß, extrahart, extrazart	
extrem ≈ *außergewöhnlich*	Dieser Winter ist extrem kalt.	E6
fachlich	Mein Kollege ist fachlich hervorragend.	H12
fähig	Er ist nicht fähig, sich längere Zeit zu konzentrieren.	
-fähig → *GT 6*	handlungsfähig, lebensfähig, leistungsfähig, reisefähig, schuldfähig, teamfähig, zahlungsunfäig	D14/15 F13 H11
fällig	Wann ist die Rechnung fällig? überfällig	
fair* *(zu + D)* ≈ *gerecht*	Das war ein faires Fußballspiel.	B7
falsch* ↔ *richtig* falscher, am falschesten	Du hast mich falsch verstanden. Wer spielt hier ein falsches Spiel? *(idiom.)* *K:* grundfalsch	A13/16 B19 H14
fantastisch	Das Essen schmeckt fantastisch.	A11 K11
farbig* ≈ *bunt*	Das Buch hat viele farbige Zeichnungen.	G1
-farbig → *GT 6*	andersfarbig, einfarbig, gleichfarbig, mehrfarbig	
farblich	Die Bluse passt farblich gut zur Jacke.	
faszinierend	Berlin ist eine faszinierende Stadt.	F17 K3
faul* ↔ *fleißig*	Er ist ein fauler Schüler.	B19
faul(ig)* ≈ *verdorben*	Der Apfel ist schon faul(ig).	B19
-faul → *GT 6*	oberfaul *(ugs.)*, stinkfaul *(ugs.)*, denkfaul, schreibfaul	F12
fein*	Sie gehört zur feinen Gesellschaft. klein, aber fein *K:* extrafein, fein geschnitten	C6/10 D7 G16

feindlich	Niemand ist dir feindlich gesinnt.	
-feindlich → *GT 6*	fremdenfeindlich, männerfeindlich, technikfeindlich	K5
fern* *(+ D)*	Ich reise gern in ferne Länder. / fern der Heimat von nah und fern *K:* ferngesteuert	
-fern → *GT 6*	bildungsfern, bürgerfern, praxisfern, realitätsfern	
fertig* *(mit + D)*	Seid ihr mit der Arbeit fertig? fix und fertig sein *(ugs.)*	G11 H14
-fertig → *GT 6*	friedfertig, druckfertig, kochfertig, schlagfertig	
fest*	Die Fenster sind fest geschlossen. steif und fest, tief und fest	H10/14
-fest → *GT 6*	charakterfest, handfest, niet- und nagelfest, wasserfest	D15
fett* ↔ *mager* am fettesten	Sie isst kein fettes Fleisch.	A2
fettig	Diese Creme ist speziell für fettige Haut.	D2
feucht* ↔ *trocken*	Die Wäsche ist noch feucht.	
fieberhaft	Er hat eine fieberhafte Erkältung.	K14
finanziell*	Sie haben große finanzielle Probleme.	
finster, finst(e)rer	Draußen ist finstere Nacht. *K:* stockfinster	
fit*, fitter, am fittesten	Meine Oma ist körperlich und geistig noch sehr fit.	
flach* ↔ *steil*	Die Radstrecke ist flach.	D2
fleißig* ↔ *faul*	Er ist ein fleißiger Schüler.	A13 G14
fließend	Sie spricht fließend Deutsch. / zäh fließender Verkehr	
flüchtig	Wir kennen sie nur flüchtig.	
flüssig	Der Vortrag war flüssig. / flüssiger Verkehr	
-förmig → *GT 6*	ringförmig, schlangenförmig, unförmig	
förmlich ↔ *locker*	Unser Chef ist immer sehr förmlich. / steif und förmlich	H14
folgend → *GT 1*	Ich kann dir folgenden Vorschlag machen.	G13 J4
französisch	Ich habe eine französische Tante. *K:* französischsprachig	A3 C6 F8 G1
frech* *(zu + D)* ↔ *brav*	Werdet bloß nicht frech! *K:* rotzfrech	

frei* *(von + D)* freier, am frei(e)sten	Ist der Platz hier noch frei?	B19 E2/10 J12/17 K1
-frei → *GT 6*	alkoholfrei, fieberfrei, kostenfrei, rauchfrei, rückenfrei, schulfrei, steuerfrei, vogelfrei, unfallfrei	D17/15 K7 E16 G12
frei- → *GT 6*	freiberuflich, freihändig, freiwillig, freizügig	D6
fremd*	Sind Sie hier fremd? *K:* fremdartig, fremdbestimmt	B5
-fremd → *GT 6*	fachfremd, wildfremd, lebensfremd, weltfremd	
freudig	Der Hund hat uns freudig begrüßt. das freudige Ereignis *(≈ Geburt)*	
-freudig → *GT 6*	entschlussfreudig, kritikfreudig, reisefreudig	
freundlich* *(zu + D)*	Er hat uns freundlich gegrüßt. Mit freundlichen Grüßen *(formeller Briefschluss)*	A1 B3/7 H4/8
-freundlich → *GT*	bedienungsfreundlich, klimafreundlich, patienten-freundlich, umweltfreundlich	D15 E8/16 F12 K5
friedlich	Die Demonstration verlief friedlich. *(≈ ohne Gewalt)*	J17 K2
frisch* am frischesten	Das Gemüse ist nicht mehr frisch. Ich liebe die frische Luft in den Bergen.	C3/6/11/ 14 D2 G4
froh* *(über + A)* am froh(e)sten	Ich bin froh, wenn die Prüfung vorbei ist. Frohe Ostern! / froh und munter *K:* frohgemut	D12 F5 G11
-froh → *GT 6*	heilfroh, lebensfroh, schadenfroh, tatenfroh	D15
fröhlich*	Sie haben fröhlich gefeiert. Fröhliche Weihnachten!	F5
früh* ↔ *spät* am früh(e)sten	Ich muss jeden Tag früh aufstehen. *K:* frühkindlich, frühreif, frühzeitig, früh(e)stmöglich	H3
früher/frühere*	Wir kommen schon etwas früher. Mein früherer Chef ist in Rente gegangen.	G6 H3
früh(e)stens *(Adverb)*	Die Entscheidung fällt frühestens in einem Monat.	B11
frühlingshaft → *sommerlich/herbstlich/ winterlich*	Wir haben März, aber es ist immer noch nicht frühlingshaft.	
furchtbar* ≈ *schrecklich*	Wir haben einen furchtbaren Lehrer in Deutsch. Ich bin furchtbar müde.	A16 H2 J6/10

ganz* → *GT 3*	Ich habe den ganzen Abend gelesen. Das Glas ist noch ganz. *(ugs.) (↔ kaputt)* im Großen und Ganzen, ganz und gar, voll und ganz	B12 E6 A12/15 G5/13 H14
gar	Ist das Fleisch schon gar? (≈ *fertig gekocht)*	
geboren*	Sie ist eine geborene Hepp. *K:* erstgeboren, neugeboren	
gebührend	Hast du deinen 18. Geburtstag gebührend gefeiert?	
geduldig *(mit + D)*	Ich bin leider nicht sehr geduldig.	H7
geehrt*	Sehr geehrter Herr Schulz, ... *(formeller Briefanfang)*	
geeignet* *(für + A)*	Die Wohnung ist nicht für Familien geeignet.	H6/8/11
gefährlich* *(für + A)*	Die Krankheit ist nicht gefährlich. *K:* hochgefährlich, gemeingefährlich, lebensgefährlich	A6/12 D18 K15
gegen- → *GT 6*	gegengleich, gegenläufig, gegensätzlich, gegenteilig	
gegenseitig	Wir unterstützen uns gegenseitig.	F13 H12
gegenwärtig ≈ *jetzig*	In der gegenwärtigen Situation ist alles möglich. *K:* allgegenwärtig	
geheim*	Der Hochzeitstermin ist noch geheim.	J17
geil *(ugs.) (vulg.) ≈ super*	Der Urlaub war echt geil!	
geizig ↔ *großzügig*	Ich bin zwar sparsam, aber nicht geizig.	
gelb*	Dein gelbes T-Shirt gefällt mir. *K:* hellgelb, knallgelb, maisgelb	A2 B18 D1 F2 K9
gelungen	Das ist ein sehr gelungenes Foto.	A11 F1
-gemäß	kindgemäß, sinngemäß, unsachgemäß, zeitgemäß	E14
gemeinsam*	Sie spielen gemeinsam Fußball.	H2
gemischt	Das Publikum auf dem Konzert war bunt gemischt.	C6/12
gemütlich*	Gibt es hier eine gemütliche Kneipe?	A12 E6/10
genau*	Ich habe Sie nicht genau verstanden. genau genommen *K:* haargenau, übergenau	G12 D-E G-H
genervt	Nach der Arbeit ist er immer schnell genervt.	J5
genug* *(für + A)*	Für heute haben wir lang genug gearbeitet.	K11

genügend ≈ *genug*	Ich habe immer genügend Zeit für Freunde.	
geöffnet* ≈ *offen, auf* ↔ *geschlossen*	Die Geschäfte sind den ganzen Tag geöffnet.	
gerecht am gerechtesten	Das Geld wurde gerecht geteilt.	
-gerecht → *GT 6*	altersgerecht, fachgerecht, fristgerecht, selbstgerecht	K5
gering*	Die Gewinnchancen im Lotto sind gering.	H3/11 J2
gern(e)* *(Adverb)* lieber, am liebsten	Isst du gern Fisch? Ich trinke am liebsten Wasser.	A-H A4
gesamt*	Die gesamte Mannschaft hat schlecht gespielt.	H12
gescheit ≈ *klug* ↔ *dumm*	Du bist wohl nicht gescheit! *K:* blitzgescheit, obergescheit, siebengescheit	
geschickt	Sie hat sehr geschickt reagiert.	A16
geschieden* → *verheiratet*	Sie ist seit drei Jahren geschieden.	A1 B1
geschlossen* ↔ *geöffnet*	Heute ist das Restaurant geschlossen.	
geschwollen	Ich habe vom langen Stehen geschwollene Beine.	D11
gesellschaftlich	gesellschaftliches Leben, gesellschaftlicher Wandel	J17
gespannt *(auf + A)*	Alle warteten gespannt auf das Ergebnis.	G11 H7/8
gestrig* → *GT 6*	Hast du die gestrige Zeitung noch?	H9
gesund* gesünder/gesunder, am gesü[u]ndesten ↔ *ungesund, krank*	Sie achtet sehr auf gesunde Ernährung. gesund und munter *K:* kerngesund	D10/12 C16 F10
getrennt* ↔ *zusammen*	Meine Eltern leben getrennt.	
-getreu	maßstabgetreu, naturgetreu, originalgetreu	
gewandt	Sie schreibt sehr gewandt. *K:* redegewandt, weltgewandt, wortgewandt	
gewiss *(+ G)* ≈ *sicher*	Bist du dir ihrer Liebe wirklich gewiss? *K:* siegesgewiss	
gewittrig	Im Sommer ist es oft gewittrig.	F3

gewöhnlich* *≈ normalerweise*	Gewöhnlich ist er pünktlich. *K:* außergewöhnlich, ungewöhnlich	F1 J10
gewohnt	Er will nicht auf sein gewohntes Essen verzichten.	
gewöhnt *(an + A)*	An den Stress bin ich noch nicht gewöhnt.	G11
gierig *(nach + D / auf + A)* *→ begierig*	Iss nicht so gierig! *K:* geldgierig, machtgierig	
giftig*	Dieser Pilz ist giftig.	
glänzend	Er hat eine glänzende Karriere vor sich.	
glatt* glatter/glätter, am gla[ä]ttesten	Sie hat schöne, glatte Haut. Ist alles glatt gelaufen? *(idiom.)* *K:* aalglatt, spiegelglatt	A16 F1
glaubhaft	Er hat mir glaubhaft versichert, dass er unschuldig ist.	
glaubwürdig	Der Zeuge scheint glaubwürdig zu sein.	
gleich* *↔ verschieden*	Wir sprechen die gleichen Sprachen. Ich komme gleich. *(≈ sofort)*	A5 F6 G5 J17
-gleich *→ GT 6*	baugleich, gegengleich, wesensgleich, zeitgleich	
gleich- *→ GT 6*	gleichaltrig, gleichgültig, gleichnamig, gleichwertig	G9
gleichberechtigt*	Frauen und Männer sind gleichberechtigt.	
gleichmäßig*	Wir haben die Hausarbeit gleichmäßig verteilt.	
gleichzeitig*	Ich kann nicht alles gleichzeitig machen.	B16 D19
global *≈ weltweit*	Der Klimawandel ist ein globales Problem.	J14
glücklich* *(über + A)*	Sie sind seit Jahren glücklich verheiratet. *K:* überglücklich	B9 J17 K13
gnadenlos	Das Auswahlverfahren ist gnadenlos.	
gnädig *≈ mild*	Der Lehrer hat unsere Aufsätze sehr gnädig benotet.	
golden	Das waren goldene Zeiten.	K6 D7 F9
goldig *≈ süß*	ein goldiges Kind	K6
gratis* *≈ kostenlos*	Bier gibt es gratis.	
grau*	Ihre Haare sind schon ganz grau geworden. *K:* grau meliert, hellgrau, mausgrau, silbergrau	A1 B18 D6 F2 J6

grob ↔ *fein* gröber, am gröbsten	Der Stoff ist zu grob. grob gesagt/geschätzt/gerechnet *(≈ ungefähr)*	
groß* ↔ *klein* größer, am größten	Wir haben einen großen Garten. im Großen und Ganzen *(idiom.)* *K:* riesengroß, größtmöglich	A1 C1 E1 B6/17 F15 G13/16 J1
groß- → *GT 6*	großartig, großflächig, großkotzig, großtuerisch	
großzügig* ↔ *geizig*	Er ist ein großzügiger Mensch.	A12 B4
grün*	Die Ampel ist grün. Sie hat einen grünen Daumen. *(idiom.)* *K:* dunkelgrün, giftgrün	A2 B18 C3 F2 K9
grundsätzlich*	Ich bin grundsätzlich gegen Krieg.	H2
gültig*	Ist dein Pass noch gültig?	
günstig*	Das ist eine günstige Gelegenheit. *(≈ gut, passend)* Das Kleid ist günstig. *(≈ preiswert, billig)*	D5/6
-günstig → *GT 6*	kostengünstig, preisgünstig, verkehrsgünstig	
gut* ↔ *schlecht* → besser → am besten	Guten Tag! Geht es dir gut? / schön und gut *K:* saugut *(ugs.)*, ungut	C8 E3 D6 F5/10 A-K
-haft → *GT 6*	beispielhaft, glaubhaft, heldenhaft, krankhaft, lebhaft, mädchenhaft, märchenhaft, sagenhaft, schmackhaft, sesshaft, vorteilhaft, wohnhaft	D17/14 C8 F14 J17 K14
halb*	In einer halben Stunde muss ich gehen. *K:* anderthalb ≈ eineinhalb, halbherzig, halbstark	C13 G10
haltbar*	Honig ist sehr lange haltbar.	
harmlos	Das war nur ein harmloser Streit.	K13/14
harmonisch	Sie führen eine harmonische Ehe.	K18/7
hart* → *weich* härter, am härtesten	Ich esse gern hartes Brot. / hart aber fair *K:* knallhart *(ugs.)*, steinhart, hartherzig	A2/7 C1 G2/3 K6
hartnäckig	Er verfolgt hartnäckig sein Ziel.	
hässlich* ↔ *hübsch, schön*	Diese Brille finde ich hässlich. *K:* abgrundtief hässlich, potthässlich	B1/17 C1/9 D3
häufig* ≈ *oft*	Er kommt häufig zu spät in die Schule.	J2
hauptsächlich	Hier wohnen hauptsächlich Familien. *(≈ vor allem)*	

heftig	Wir haben gestern heftig gestritten.	F1/14 K15
heikel heikler, am heikelsten	Das ist ein heikles Thema.	
heilig*	Der Papst hat Mutter Theresa heiliggesprochen. etw. hoch und heilig versprechen *K:* scheinheilig	B17 G16
heimisch	Wir bevorzugen heimisches Gemüse. *(≈ von hier)*	K2
heimlich	Die beiden haben heimlich geheiratet. heimlich, still und leise / still und heimlich *K:* klammheimlich *(ugs.)*	G16 H14
heiß* ↔ *kalt* am heißesten	Möchtest du eine heiße Suppe? Ich liebe sie heiß und innig. *K:* kochend heiß, superheiß	C3 E5 G4 J2/14
hell* ↔ *dunkel*	Im Sommer ist es lange hell. *K:* taghell	C1/4 D2/6
hell- → *GT 6*	hellblau, hellhäutig, hellhörig, hellwach	D6 F2
herbstlich → *frühlingshaft/sommerlich/winterlich*	Im September ist es abends schon herbstlich kühl.	
herrlich*	Heute ist herrliches Wetter. *K:* selbstherrlich	E10 K3
herzlich*	Wir wurden sehr herzlich empfangen. Herzlichen Glückwunsch! Herzliche Grüße!	H2/7
heutig*	Wo ist die heutige Zeitung?	H9 J17
hilfreich	Der Tipp von euch war sehr hilfreich für mich.	
himmlisch	Die Erdbeeren schmecken einfach himmlisch.	K2
hintere ↔ *vordere*	Die hinteren Plätze sind noch frei.	G5
historisch	Der Mauerfall 1989 war ein historisches Ereignis.	J17
hoch* ↔ *niedrig* höher, am höchsten	In München zahlt man hohe Mieten. Das verspreche ich dir hoch und heilig. *K:* haushoch, höherrangig	A7/15 C1 E3 G16 H3
hoch- → *GT 3/6*	hochdeutsch, hochintelligent, hochnäsig, hochrangig	D18
hochwertig ≈ *beste* ↔ *minderwertig*	Wir verwenden für unsere Produkte nur hochwertige Materialien.	D14
höchst *(Adverb)*	Es ist höchst seltsam, dass er nicht kommt. *K:* höchstpersönlich, höchstwahrscheinlich	E6

höchstens *(Adverb)*	Der Koffer darf höchstens 20 Kilo wiegen.	B11
hoffentlich*	Hoffentlich regnet es morgen nicht.	
hoffnungslos	Die Lage ist nicht hoffungslos. ein hoffnungsloser Fall, hoffnungslos überfüllt	B9
höfisch	Wie sah das höfische Leben im Mittelalter aus?	K2
höflich* *(zu + D)*	Unsere Nachbarn grüßen immer sehr höflich.	
hübsch* ↔ *hässlich* am hübschesten	Sie ist ein hübsches Mädchen. *K:* bildhübsch, wunderhübsch	A1/15 C1 B17 D3/7
hungrig* *(nach + D / auf + A)*	Nach der Wanderung waren alle hungrig.	E16
-hungrig → *GT 6*	heißhungrig, bildungshungrig, lebenshungrig	
hyper- → *GT 3*	hyperaktiv, hyperkorrekt, hypernervös	
ideal	Die Krawatte passt ideal zu diesem Hemd.	J11
-ig → *GT 6*	baldig, nachteilig, nervig, schattig, wolkig, übermütig, vorrätig, wehleidig, zittrig	F3 K3 H2/9/12
ill- → *GT 3*	illegal, illegitim, illoyal	
immun *(gegen + A)*	Wenn man einmal Windpocken hatte, dann ist man dagegen immun.	H8
in *(ugs. [engl.])* ≈ *modern* ↔ *out*	Welche Frisuren sind gerade in?	
in- → *GT 3*	inkompetent, inoffiziell, invariabel	J7
individuell	Sie erhalten eine individuelle Beratung.	E10
inner- → *GT 6*	innerdeutsch, innerparteilich	
innere* ↔ *äußere*	Er hat innere Verletzungen.	K4
innerlich ↔ *äußerlich*	Nach der Prüfung war ich innerlich leer.	K4
innig	Sie liebt ihren Sohn heiß und innig.	
intelligent* am intelligentesten ≈ *gescheit, klug* ↔ *dumm*	Er ist ein sehr intelligenter Junge. *K:* hochintelligent	B1/16 G3
inter-*(≈ zwischen)* → *GT 6*	interdisziplinär, interkontinental, interkulturell	

interessant* ↔ *langweilig* am interessantesten	Ich fand den Film sehr interessant. *K:* hochinteressant, höchstinteressant	A12 E6 F8 B14 D18
interessiert *(an + A)*	Sind Sie noch an der Wohnung interessiert?	B3/7 E8
international*	Wir sind ein internationales Team.	F8 J11
-isch → *GT 6*	alkoholisch, barbarisch, diplomatisch, indisch, schulisch, stürmisch, teuflisch	F3 G12 K2/3
irdisch *(≈ auf der Erde)*	*K:* außerirdisch, oberirdisch, überirdisch, unterirdisch	K2
irr- → *GT 3*	irrational, irregulär, irreversibel	J7
jährlich	Die Stromkosten steigen jährlich. *K:* alljährlich	H5
jahrelang*	Wir haben jahrelang studiert.	H7 J3
jahrhundertelang*	China war jahrhundertelang ein Kaiserreich.	J3
jahrzehntelang*	Er war jahrzehntelang unser Chef.	J3
jetzig	Alles ist besser als die jetzige Situation.	H9
jeder → *GT 1*	Ich freue mich auf jeden neuen Tag.	J5
jeweilig	Das Gehalt ist abhängig vom jeweiligen Beruf.	H12
jugendlich	Meine Mutter sieht noch sehr jugendlich aus.	J4/5
jung* ↔ *alt* jünger, am jüngsten	Junge Leute mögen Pop-Musik. jüngsten Umfragen zufolge *K:* blutjung	A1/7 B1 C5 F15 J4
kalt* ↔ *warm, heiß* kälter, am kältesten	Ich habe immer kalte Füße. *K:* kaltblütig, kaltherzig	A2/7 H10 D9 E4 F1
-kalt → *GT 6*	bitterkalt, eiskalt, nasskalt, saukalt *(ugs.)*	F10
kaputt* ↔ *ganz, heil* am kaputtesten	Die Vase ist leider kaputt. Ich bin kaputt von der Arbeit. *(≈ müde, erschöpft)*	D7/15
karg	Die Zimmer sind karg möbliert. *K:* wortkarg	
kariert	Er trägt gern karierte Hemden. *K:* blau kariert	
katholisch*	In Bayern sind viele Leute katholisch. *K:* erzkatholisch *(ugs.)*	
kindisch	Sei doch nicht so kindisch!	K5
kindlich	Sie wirkt sehr kindlich für ihr Alter. *K:* frühkindlich	K5
kinder- → *GT 6*	kinderleicht, kinderlieb, kinderreich	K5

kitschig	Die Farbe Rosa finde ich kitschig.	F15
klar* klarer, am klarsten	Von ihm bekommt man nie eine klare Antwort. klar und deutlich ≈ klipp und klar *(ugs.)*	B5 C5 E10 H14
-klar → *GT 6*	glasklar, sonnenklar, startklar, sternklar	
klasse* *(ugs.)* ≈ *super*	Das war eine klasse Leistung.	
klassisch*	Magst du lieber klassische oder moderne Musik?	A3/15 B12 D6
klein* ↔ *groß*	Ich finde ihre Wohnung zu klein. / klein, aber fein/oho *(idiom.)* *K:* klitzeklein, haarklein, kleinlaut	A1 C1/4 J1 E1 G16
kleinlich	Wie kann man nur so kleinlich sein!	
klug* ≈ *gescheit* ↔ *dumm* klüger, am klügsten	Das ist eine kluge Entscheidung.	A6/7
-klug → *GT 6*	altklug, lebensklug, neunmalklug *(ugs.)*, unklug	
knall- → *GT 3*	knallrot, knallblau, knalleng *(ugs.)*, knallhart *(ugs.)*	
knapp* am knappsten	Das war ein knapper Sieg. knapp bei Kasse sein *(idiom. ≈ wenig Geld haben)*	H4
knusprig	Die Bretzel ist schön knusprig.	C11
köstlich ≈ *lecker*	Das Essen schmeckt köstlich. *(≈ sehr gut)*	F8
komfortabel	Die Hotelzimmer waren nicht sehr komfortabel.	E10
komisch* ≈ *lustig, witzig* am komischsten	Er ist ein komischer Typ. Ich finde die Geschichte gar nicht komisch.	B2
kommerziell* ≈ *finanziell, wirtschaftlich*	Der Film ist ein großer kommerzieller Erfolg.	
kompetent	Mein Kollege ist fachlich sehr kompetent.	H12
komplett ≈ *vollständig*	Die Küche ist komplett eingerichtet.	
kompliziert* ↔ *einfach*	Vermeiden Sie komplizierte Sätze.	B2/14 D18
konservativ*	Die konservativen Parteien haben verloren. *K:* erzkonservativ, stockkonservativ *(ugs.)*	
korrekt	Du hast dich korrekt verhalten. *K:* hyperkorrekt	
kostbar ≈ *wertvoll*	Die Vase ist sehr kostbar.	

kostenlos* *≈ gratis*	Der Eintritt ist kostenlos.	E9/10
kräftig*	Für den Umzug brauchen wir kräftige Männer.	F1
krank* *↔ gesund* kränker, am kränksten	Der Arzt hat sie krankgeschrieben.	B8 H11 D10 F4/10
-krank *→ GT 6*	geisteskrank, krebskrank, todkrank, zuckerkrank	K12
krass am krassesten	Der Elfmeter war eine krasse Fehlentscheidung. krasse Typen *(ugs. ≈ extrem)*	
kreuz- *(ugs.) → GT 3*	kreuzbrav, kreuzehrlich, kreuzunglücklich	
kriminell	Er hat keine kriminelle Tat begangen.	K15
kritisch*	Wir befinden uns in einer kritischen Situation.	H2/4/8
kühl* *↔ warm*	Jetzt wäre ein kühles Bier recht!	B19 F3
kühn *≈ gewagt, mutig*	Das ist eine kühne These. *K:* tollkühn	
kundig *(+ G)*	Mach dich im Internet kundig. *(≈ sich informieren)* Er ist des Landes kundig. *(≈ kennen)*	
-kundig *→ GT 6*	aktenkundig, fachkundig, ortskundig, sprachkundig	
künftig *→ zukünftig*	Ich werde künftig weniger arbeiten.	H12
künstlich* *↔ natürlich*	Er arbeitet nur bei künstlichem Licht.	K2
kürzlich* *≈ neulich*	Ich habe sie erst kürzlich gesehen.	
kultig *(ugs.)*	Hier findet man absolut kultige Taschen.	C14
kulturell*	Es gibt große kulturelle Unterschiede. *K:* multikulturell	
kurz* *↔ lang* kürzer, am kürzesten	Die Hose ist viel zu kurz. / über kurz oder lang *(idiom.)*, kurz und knapp, kurz und bündig	A1/7 C1 G16 H10
kurz- *→ GT 6*	kurzärmlig, kurzfristig, kurzsichtig, kurzzeitig	
lächerlich	Mach dich doch nicht lächerlich!	
lahm	Er hat ein lahmes Bein. / lahm *(ugs. ≈ langsam)*	A16
ländlich	Die Gegend ist sehr ländlich.	K2
lang* länger, am längsten	Ich habe ihn lange Zeit nicht gesehen. über kurz oder lang *(idiom.)*, lang und breit	A1 C1 E2 G14 H14
-lang *→ GT 6*	lebenslang, knielang, meterlang, tagelang	J3 F1 14

lang- → *GT 6*	langatmig, langjährig, langlebig, langwierig	
langfristig/längerfristig	Das ist eine langfristige/längerfristige Investition.	H12 K15
langsam* ↔ *schnell*	Fahr bitte langsam! / langsam, aber sicher	H14 A16
langweilig* ↔ *interessant*	So ein langweiliges Buch habe ich noch nie gelesen.	A12 B5 C2 J11 F7/9
-langweilig → *GT 6*	sterbens-/todlangweilig, stinklangweilig *(ugs.)*	F10
lasch *(ugs.)*	Das Essen schmeckt lasch. *(≈ hat wenig Geschmack)*	
lässig ≈ *locker*	Mein Chef ist ziemlich lässig.	
lästig	Die ewige Hausarbeit ist lästig.	G9
laufend	Wie hoch sind die laufenden Kosten für ein Auto?	G14
laut* ↔ *leise* am lautesten	Wir wohnen leider an einer lauten Straße. *K:* halblaut, kleinlaut, vorlaut, lautstark	C8 F7/14 G3/4 K15
lebendig* ↔ *tot*	Berlin ist eine sehr lebendige Stadt.	C4
lebens- → *GT 6*	lebensbedrohlich, lebensbejahend, lebensecht, lebensfähig, lebensfern, lebensfroh, lebensfremd, lebensmüde, lebensnah, lebensnotwendig	
lebhaft	Unser Kind ist sehr lebhaft.	
lecker	Der Kuchen schmeckt total lecker.	A10
ledig* → *verheiratet*	Sind Sie ledig oder verheiratet?	A1 B1
leer* ↔ *voll*	Die Wohnung steht schon lange leer.	C1/3/13
-leer → *GT 6*	blutleer, inhaltsleer, luftleer, menschenleer	
leicht* ↔ *schwer, schwierig*	Das Problem ist leicht zu lösen. / leicht und locker *K:* federleicht, kinderleicht	C9 D10 K5 G3/6/16
leicht- → *GT 6*	leichtfertig, leichtgläubig, leichtlebig, leichtsinnig	
leise* ↔ *laut*	Du sprichst viel zu leise. / heimlich, still und leise	G16
lesenswert	Dieser Zeitungsartikel ist wirklich lesenswert.	F12
letzte*	Was hast du letztes Wochenende gemacht? *K:* vorletzte, letztere	E4 F3/11
letztens *(Adverb)* ≈ *neulich*	Der Film kam letztens im Fernsehen.	B11
liberal*	Die Zeitung ist politisch liberal.	

-lich → *GT 6*	absichtlich, brüderlich, förderlich, geschichtlich, herrlich, käuflich, sprichwörtlich, willentlich	H2/5 K2-5/10
lieb* lieber, am liebsten → *gern*	Das sind wirklich liebe Kinder. Liebe Eva, ... *(in privaten Briefen)*, lieb und teuer *K:* kinderlieb, tierlieb	A3/4 B3/8 C8 G16 K5
liebenswert/-würdig ≈ *nett*	Sie ist eine liebenswerte Person. Danke, sehr liebenswürdig.	E8
lieblich	Wir mögen liebliche Weine. *(≈ süß)*	
liebevoll	Er ist ein sehr liebevoller Vater.	
lieferbar	Leider ist dieses Buch nicht mehr lieferbar.	E9
lila	Ich finde lila Hosen schrecklich. *K:* lilafarben	J6
linke* ↔ *rechte*	Mein linkes Knie tut weh.	G5
locker	Bleib locker! / leicht und locker	G16 H10
logisch	Was du sagst, klingt logisch.	G12
lokal ≈ *örtlich*	Es regnet nur lokal.	D13 J3
-los *(≈ ohne)* → *GT 6*	kinderlos, fassungslos, mühelos, ruhelos, sprachlos	B9 J9 K7
luftig	Am Meer ist es meist angenehm luftig.	F3
lustig* ≈ *komisch, witzig*	Der Film war wirklich lustig.	A2/10 B1
-lustig → *GT 6*	abenteuerlustig, streitlustig, unternehmungslustig	F13
mächtig *(+ G)*	Sie ist eine mächtige Frau. Wir sind der deutschen Sprache mächtig. *(≈ beherrschen)* *K:* übermächtig	
-mächtig → *GT 6*	allmächtig, eigenmächtig, sprachmächtig	
mager* ↔ *fett*	Ich esse nur mageren Schinken.	C3
mancher* → *GT 1*	Manche Leute glauben alles.	F9 J5
männlich* ↔ *weiblich*	Maximilian ist ein beliebter männlicher Vorname.	B1
massenhaft	Diese CD wurde 2010 massenhaft verkauft.	J17
massiv	Der Tisch ist aus massivem Holz.	D6 J2
maßgeblich ≈ *wesentlich, entscheidend*	Er hat das Projekt maßgeblich gefördert.	
mäßig	Es ist nur mäßig warm draußen.	

-mäßig → *GT 6*	mittelmäßig, mordsmäßig *(ugs.)*, planmäßig, spitzenmäßig, übermäßig, unmäßig *(≈ ohne Maß)*, verhältnismäßig, zweckmäßig	E14
maßlos	Die Geschichte ist maßlos übertrieben.	
medizinisch	Aus medizinischer Sicht spricht nichts gegen Sport.	J5 K14
mega- *(ugs.)* → *GT 3*	megacool, megastark, megateuer	
mehr* → *viel* → *meiste*	Je mehr Geld man hat, desto besser! Weniger ist mehr. *(idiom.)*	A11 C8 E3 G6 H3 J14
mehr- → *GT 6*	mehrfarbig, mehrdeutig, mehrmalig, mehrsprachig	H9
mehrere* → *GT 1*	Es gibt mehrere gute Übungsbücher zum Deutschlernen.	A15 D6 E2 F1/9 J5
meiste* / am meisten* → *viel* → *mehr*	Die meisten Leute haben einen Fernseher. Was fehlt euch in Deutschland am meisten?	E1/3 G14 J2
meist- → *GT 6*	meistbietend, meistgenannt, meistgekauft	
meistens* *(Adverb)*	Am Abend bin ich meistens zu Hause.	B11
menschlich*	Fehler sind menschlich. *K:* übermenschlich, unmenschlich, zwischenmenschlich	
merkwürdig* ≈ *seltsam*	Das ist eine merkwürdige Geschichte.	A12 B2
mild ↔ *hart, streng*	Der Winter ist dieses Jahr sehr mild.	F1
mindestens* *(Adverb)*	Ich höre mindestens einmal am Tag Nachrichten.	B11 H5
minutenlang*	Das Telefon hat minutenlang geklingelt.	J3
miss- *(≈ schlecht)* → *GT 6*	missgelaunt, misstrauisch, missverständlich	
mittlere*	Mein Chef ist im mittleren Alter.	G5 H11/12
möbliert*	Wir suchen eine möblierte Wohnung.	C4
modern*	Welche Musik ist denn gerade modern?	C2/9 D5
modisch	Sie ist immer modisch gekleidet. *K:* altmodisch	F4
möglich*	Wie ist das möglich? *K:* bestmöglich, womöglich *(≈ vielleicht)*	C8 H2/6 G14 J11
möglichst* *(Adverb)*	Geben Sie uns bitte möglichst bald Bescheid.	C16 G2/14
momentan ≈ *zurzeit*	Das Wetter ist momentan recht schön.	

monatelang*	Sie haben monatelang für die Prüfung gelernt.	J3
monatlich	Die monatliche Miete beträgt 800 Euro.	H5
mörderisch	Die Hitze ist mörderisch.	K2
morgendlich	Ich liebe meinen morgendlichen Kaffee.	H5
morgig*	Ich freue mich auf den morgigen Tag.	H9
motiviert	Wenn man motiviert ist, lernt man besser.	D18
müde* *(von + D / + G)* ↔ *munter, fit*	Die Kinder sind schon müde. Ich bin müde vom Stehen. Er ist des Wartens müde.	B7/17 D2 F10
-müde → *GT 6*	amtsmüde, hundemüde, lebensmüde, todmüde	
mühsam	Er hat sich mühsam hochgearbeitet.	
multi- *(≈ viel)* → *GT 6*	multifunktional, multikulturell, multinational	
mündlich*	Die mündliche Prüfung ist nach der schriftlichen.	
munter	Seid ihr alle gesund und munter? *K:* putzmunter *(ugs.)*	
musikalisch	Die Familie ist sehr musikalisch.	D6
mutig	Sie ist eine starke und mutige Frau.	
-mutig → *GT 6*	anmutig, missmutig, wagemutig, todesmutig	
-mütig → *GT 6*	demütig, gutmütig, hochmütig, reumütig, übermütig, schwermütig, wankelmütig, wehmütig	
mutmaßlich *≈ wahrscheinlich*	Der mutmaßliche Täter wurde festgenommen.	K1
mütterlich → *väterlich*	Sie ist ein mütterlicher Typ. *K:* stiefmütterlich	K2
nächste*	Der nächste Zug geht in einer Stunde. *K:* übernächste, nächstbeste	E1/3 G13 K12
nächstens *(Adverb)*	Nächstens bist du pünktlich! *(≈ beim nächsten Mal)*	
nah* ↔ *fern, weit* näher, am nächsten	Er ist ein naher Verwandter von uns. Der Nächste bitte! *(Arzt, Behörde usw.)*	E3/4 G6/13/14
-nah → *GT 6*	hautnah, lebensnah, volksnah, zeitnah	
nass* ↔ *trocken* nasser/nässer, am nassesten/nässesten	Die Wäsche ist noch nass. *K:* klitsch-/pitschnass *(ugs.)*, tropfnass, nasskalt	F1

national	Es geht um die nationale Sicherheit. *K:* multinational	
natürlich*	Natürlich bin ich enttäuscht. *K:* übernatürlich	G2
neblig*	In Flusstälern ist es oft neblig.	F3
negativ* ↔ *positiv*	Auch negative Erfahrungen sind wichtig.	K15
neidisch *(auf + A)*	Meine Schwester war immer neidisch auf mich.	H8
nervös* ↔ *locker*	Ich war vor der Prüfung sehr nervös.	G6 H4 K13
nett* am nettesten	Das ist nett von dir. Sei nett zu deinem Bruder. Wir haben sehr nette Nachbarn.	A1 B7/12 F8 G1/3/4
neu* ↔ *alt* neuer, am neu(e)sten	Ich brauche neue Schuhe. *K:* brandneu, (nigel-/funkel-)nagelneu *(ugs.)*	A5 C1/3/9 B14 F10
neu- → *GT 6*	neuartig, neugeboren, neureich, neuwertig	D6
neuestens *(Adverb)*	Neuestens möchte sie Ärztin werden.	
neugierig* *(auf + A)*	Ich bin neugierig auf unsere neue Kollegin.	B1/2 H2/9
neulich* *(Adverb)*	Ich habe ihn erst neulich getroffen.	
nichtig	Der Vertrag ist nichtig. / null und nichtig	H14
nichtssagend	Ich finde den Artikel nichtssagend.	J11
niedrig* ↔ *hoch*	Der Stuhl ist zu niedrig.	C1
nobel nobler, am nobelsten	Er wohnt in einem noblen Vorort von München.	
nördlich → *südlich/westlich/östlich*	Der Flughafen liegt nördlich von München.	E11
nötig* ≈ *notwendig*	Das Geschenk wäre wirklich nicht nötig gewesen!	E5 G14 K7
normal*	Das ist doch nicht normal! *K:* stinknormal *(ugs.)*	B2 J7 10
nostalgisch ≈ *alt*	Ich liebe nostalgischen Christbaumschmuck.	F15
notwendig* ≈ *nötig*	Ist die Operation wirklich notwendig?	
nützlich* *(+ D / für + A)* ↔ *unnütz*	Seine Tipps waren mir sehr nützlich.	F15
null *(Zahlwort)*	Er hat null Fehler im Diktat. Es ist null Uhr. null Bock *(ugs. ≈ keine Lust)*, null und nichtig	F11 H14

obere* ↔ *untere* oberste	Im oberen Stock sind die Schlafzimmer.	E1/15 G5
obig	Beschreiben Sie die obige Abbildung.	H12
offen* *(+ D / für + A)* *≈ geöffnet ↔ geschlossen*	Die Tür ist offen. / offen und ehrlich *K:* verkaufsoffen, weltoffen	B19 G16 H6/8/14
offen- → *GT 6*	offenherzig, offenkundig, offensichtlich	
offenbar*	Er hat den Termin offenbar vergessen.	
öffentlich* ↔ *privat*	Er hat ihn öffentlich kritisiert.	H11/J12
offiziell* ↔ *inoffiziell*	Das Wahlergebnis ist jetzt offiziell.	J7
oft* öfter*, am öftesten	Ich habe oft Heimweh.	B6 C8 E4
ohnmächtig ≈ *bewusstlos*	Sie ist ohnmächtig geworden.	
optimal	Die Prüfung ist optimal gelaufen.	J11
orange	Das orange T-Shirt gefällt mir. *K:* orangefarben	J6
ordentlich*	Sein Zimmer sieht sehr ordentlich aus.	B4
originell	Ihre Idee ist nicht besonders originell.	F15
österlich	Eierfärben ist ein österlicher Brauch.	
österreichisch*	Ich habe einen österreichischen Pass.	A3
östlich *→ nördlich/südlich/westlich*	Wer sind die östlichen Nachbarn Deutschlands?	E11
out *(ugs. [engl.])* *≈ unmodern ↔ in*	Weite Hosen sind out.	
paar* / ein paar* ≈ *einige*	Ich habe ein paar Freunde eingeladen.	C2 G13 H2
passend *(für + A)*	Ich finde kein passendes Geschenk für ihn.	D6 J11
passiv* ↔ *aktiv*	Sie hat sich viel zu lange passiv verhalten.	
pausenlos	Ich kann nicht pausenlos lernen.	F7/10
peinlich *(+ D / für + A)*	Die ganze Sache ist mir sehr peinlich.	A10 G9
pensioniert*	Mein Opa ist schon lange pensioniert. *(≈ in Rente)*	
perfekt*	Die Hochzeit war perfekt organisiert.	

persönlich*	Er hat uns persönlich eingeladen. *K:* höchstpersönlich, unpersönlich	B13 J17
plausibel ≈ *verständlich*	Das ist keine plausible Erklärung.	
pleite *(ugs.)* ≈ *bankrott*	Die Firma ist pleite. *(≈ kann nicht mehr zahlen)*	
plötzlich*	Sie hat ganz plötzlich geheiratet. *K:* urplötzlich	F10
politisch*	Interessiert du dich für politische Themen?	E11 J7 17
positiv* ↔ *negativ*	Er hat eine positive Meinung von dir.	J2 H9
prächtig	Die Kirche war für die Hochzeit prächtig geschmückt.	K3
praktisch*	Ein Fahrrad ist praktisch.	A3 D14 J6
preiswert* ≈ *günstig*	Hier kann man preiswert einkaufen.	C4 H13
prima* *(ugs.)* ≈ *super*	Das habt ihr prima gemacht.	K7
privat* ↔ *öffentlich*	Das ist eine private Angelegenheit.	D6
problemlos	Der lange Flug verlief relativ problemlos.	B9 K7
prominent ≈ *bekannt*	Sie ist eine prominente Schauspielerin.	
protestantisch* → *evangelisch*	Das ist eine protestantische Kirche.	
pünktlich*	Der Zug war pünktlich. *K:* überpünktlich	J3 K13
qualifiziert	Wir suchen qualifiziertes Fachpersonal.	J16 K13
qualvoll	Er ist qualvoll gestorben. *(≈ unter starken Schmerzen)*	
quitt *(ugs.)*	Jetzt sind wir quitt. *(≈ Wir schulden uns nichts mehr.)*	
raffiniert ≈ *geschickt*	Das hat sie raffiniert gemacht.	C14
rau, am rau(e)sten	Es wehte ein rauer Wind. Er ist ein rauer Bursche.	
realistisch*	Seine Vorstellungen sind nicht realistisch.	A14
recht* ≈ *richtig*	Er ist zur rechten Zeit gekommen. mehr schlecht als recht *K:* regelrecht, unrecht	B5 C7 E6 G16 H8
recht- → *GT 6*	rechtlich, rechtmäßig, rechtlos, rechtzeitig	E14
rechte* ↔ *linke*	Mein rechter Arm ist gebrochen.	E1 E2 G5
reduziert ≈ *ermäßigt*	Wir kaufen gern reduzierte Ware.	D16

reformiert*	Alle evangelischen Kirchen in der Schweiz sind reformiert.	
regelmäßig*	Treibst du regelmäßig Sport?	E14
regnerisch	An einem regnerischen Tag lese ich gern.	F3
regional	Die Mietpreise sind regional unterschiedlich.	E10
reich* *(an + D)* ↔ *arm*	Er stammt aus einem reichen Elternhaus.	A7/15 E8 F10/15 J1
-reich → *GT 6*	abwechslungsreich, bevölkerungsreich, einfallsreich, geistreich, lehrreich, neureich, risikoreich, siegreich, traditionsreich, steinreich, stinkreich *(ugs.)*	B17 C16 F13 K3/5/6/15
reichhaltig	Das Café hat ein reichhaltiges Angebot an Kuchen.	E10
reichlich ≈ *viel, genug*	Es gibt reichlich Platz für alle.	
reif* *(für + A)*	Sind die Äpfel schon reif? / reif für die Insel *(idiom.)*	
-reif → *GT 6*	filmreif, frühreif, schulreif, überreif, urlaubsreif	
rein*	Das T-Shirt ist aus reiner Baumwolle. / rein zufällig	E10
-rein → *GT 6*	astrein, lupenrein, naturrein, stubenrein	
rein- → *GT 6*	reinrassig, reinseiden	
reizend ≈ *bezaubernd*	Sie ist ein reizendes Mädchen.	
reizvoll	Österreich hat viele reizvolle Landschaften.	J9
relativ	Die Übungen sind relativ schwer.	E6 K7
renoviert*	Ich ziehe nur in eine renovierte Wohnung.	C4/9
richtig* ↔ *falsch*	Die Antwort ist richtig. *K:* goldrichtig	E6 G2 K6
riesig ↔ *winzig*	Es gab eine riesige Geburtstagstorte. (≈ *sehr groß)*	E12
robust ≈ *stark, kräftig*	Diese Pflanze ist sehr robust.	D14
romantisch	Sie haben ganz romantisch in Weiß geheiratet.	B20
römisch	Kennen Sie die römischen Zahlen?	K3
roh*	Ich esse keinen rohen Schinken.	A2
rosa → *GT 1*	Das rosa Kleid ist ihr Lieblingskleid. *K:* rosafarben	K9

rot*, röter/roter am rö[o]testen	Die Ampel ist rot. *K:* blutrot, feuerrot, rosarot, rotblond	B18 K9 D1/5 F2
rührselig ≈ *emotional*	Die Geschichte ist mir zu rührselig.	J11
ruhig*	Die Wohnung liegt sehr ruhig. Bleib ruhig!	A1 C4 J12 D10 E6/10
rund*	Die Erde ist rund. / rund um die Uhr *K:* kugelrund	K1
-sam → *GT 6*	biegsam, einfühlsam, genügsam, heilsam, sorgsam, mitteilsam, schweigsam, unfolgsam, wachsam	B2/4 E10 F8 H2 K14
sämtliche ≈ *alle* → *GT 1*	Sämtliche Kosten trägt der Verein.	F9 J4
sanft	Diese Seife ist sanft zur Haut.	K3
satt* ↔ *hungrig*	Bist du schon satt?	
sau- *(ugs.)* → *GT 3*	saublöd, saugut, saubequem, sauschwer	F10
sauber* ↔ *schmutzig*	Die Wohnung war sauber. *K:* blitzsauber	C1 E4/6
sauer* saurer, am sauersten	Die Äpfel sind noch sehr sauer. *K:* süßsauer, stinksauer, stocksauer *(ugs. ≈ böse)*	B3 E5 F10
schade*	(Es ist) schade, dass du nicht kommen kannst.	
schädlich *(für + A)*	Rauchen ist schädlich für die Gesundheit.	D12
scharf* schärfer, am schärfsten	Die Soße ist mir zu scharf. Die Frisur ist echt scharf. *(ugs. ≈ gewagt)*	C5 J13
scharf- → *GT 6*	scharfsinnig, scharfzüngig	
scheu	Rehe sind sehr scheue Tiere.	
-scheu → *GT 6*	arbeitsscheu, kontaktscheu, wasserscheu	
schick*	Das ist ein sehr schickes Kleid. *K:* todschick	D3/7 F4
schief*	Das Bild hängt schief. Es darf nichts schief gehen. *(idiom.)* / krumm und schief *K:* windschief	
schlampig ≈ *unordentlich*	Er ist immer schlampig gekleidet.	H4
schlank* ≈ *dünn* ↔ *dick*	In meiner Familie sind alle schlank. rank und schlank *K:* gertenschlank, vollschlank	B1
schlau ≈ *klug* am schlau(e)sten	Er denkt, dass er besonders schlau ist. Man wird nicht schlau aus ihr. *(idiom.)* *K:* oberschlau	A13 G4

schlecht* ↔ *gut*	Die Mannschaft hat schlecht gespielt. mehr schlecht als recht *K:* grottenschlecht *(ugs.)*	A6 B7 D9 F10 G3/16
schlicht ≈ *einfach*	Sie trug ein schlichtes Kleid. schlicht und einfach, schlicht und ergreifend	H14
schlimm*	Gestern hatten wir ein schlimmes Gewitter. *K:* schlimmstenfalls *(Adverb)*	A8/9/10
schmal* ↔ *breit* schmaler/schmäler am schma[ä]lsten	Sie hat ein schmales Gesicht. *K:* schmalschultrig, schmalspurig	E1
schmerzhaft	Die Behandlung ist nicht besonders schmerzhaft.	D17
schmutzig* ↔ *sauber*	Mach dich nicht schmutzig.	C1
schnell* ↔ *langsam*	Du fährst viel zu schnell.	A6 C8 J1 G4/6 K15
-schnell → *GT 6*	blitzschnell, reaktionsschnell, vorschnell	F10/13
schön* ↔ *hässlich*	Die Wohnung ist sehr schön. / schön und gut *K:* bildschön, wunderschön	A10 C9 D3 E1 F5 G16
schrecklich* ≈ *furchtbar*	Die Geschichte ist schrecklich.	A11 D5
schriftlich*	Die Prüfung beginnt mit dem schriftlichen Teil.	K4
schuld *(an + A)*	Keiner will an dem Unfall schuld gewesen sein.	D12
schuldig* *(+ D + A / + G)*	Ich bin euch noch einen Gefallen schuldig. Er wurde des Mordes schuldig gesprochen.	K1
schüchtern	Als Kind war er sehr schüchtern.	A14
schwach* ↔ *stark* schwächer, am schwächsten	Es weht ein schwacher Wind. Die Leistung der Schauspieler war äußerst schwach.	A7 G14 J15
-schwach → *GT 6*	altersschwach, nervenschwach, umsatzschwach	
schwanger*	Sie ist im dritten Monat schwanger. *K:* hochschwanger	H11
schwarz schwärzer, am schwärzesten	Sie ist immer schwarz gekleidet. Das steht schwarz auf weiß in der Zeitung. *(idiom.)* *K:* pechschwarz, rabenschwarz	B18 D1 G1 F2/10 K9
Schweizer	Ich liebe Schweizer Schokolade.	

schweizerisch*	Was ist für dich typisch schweizerisch?	A3
schwer* ↔ *leicht*	Deutsch ist gar nicht so schwer! *K:* folgenschwer, millionenschwer, sauschwer *(ugs.)*	D8 F10 D-K
schwer- → *GT 6*	schwerbehindert, schwerfällig, schwerwiegend	
schwesterlich → *brüderlich*	Das war ein typisch schwesterlicher Streit.	
schwierig* ↔ *leicht*	Das ist eine schwierige Aufgabe.	G6/12 J13
schwindelerregend	Die Mietpreise hier sind schwindelerregend hoch.	F17
schwindlig	Mir wird schnell schwindlig.	G9
schwul* ≈ *homosexuell*	Er ist schwul und sie ist lesbisch.	
schwül	Vor einem Gewitter ist es oft sehr schwül.	
sehenswert	Was ist in eurer Heimatstadt besonders sehenswert?	E13 H13
seiden	eine seidene Bluse *(≈ aus Seide)* *K:* reinseiden	D7
seitlich	Der Mantel hat zwei seitliche Taschen.	G5
sekundenlang*	Der Bildschirm war sekundenlang schwarz.	J3
selbe* *(Demonstrativpron.)*	Wir haben am selben Tag Geburtstag.	B10
selbst* / selber *(ugs.)*	Ich habe den Unfall selbst/selber gesehen.	C11 K12
selbst-	selbstbewusst, selbstsicher, selbstsüchtig	E8 F13
selbstständig*	Ihre Kinder sind schon sehr selbstständig.	H2/6 K7
selbstverständlich*	Selbstverständlich helfen wir dir.	
selten*	Das ist eine seltene Pflanze.	K7
seltsam* ≈ *komisch*	Er hat sich seltsam verhalten.	B2
senkrecht* ≈ *vertikal* ↔ *waagerecht*	Zeichnen Sie eine senkrechte Linie.	
sensationell	Der Film hatte einen sensationellen Erfolg.	E10
sicher* *(vor + D / + D + G)*	Er kommt sicher. Bist du dir deiner Sache sicher? langsam aber sicher	B5 G2 H14 K14
-sicher → *GT 6*	bombensicher *(ugs.)*, krisensicher, kugelsicher, selbstsicher, treffsicher, todsicher, verkehrssicher	D15 J7 F10/13 K5

sichtbar	Ist der Fleck auf der Hose noch sichtbar?	E13
silbern	silbernes Besteck *K:* echtsilbern, reinsilbern	K6
silbrig	Das Meer glitzert silbrig. *(≈ wie Silber)*	K6
simpel ≈ *einfach* simpler, am simpelsten	Die Idee dahinter ist simpel. so einfach wie simpel *(idiom.)*	
sinnvoll	Jetzt wäre eine kleine Pause sinnvoll.	E14
skurril ≈ *komisch, seltsam*	Das ist eine skurrile Geschichte.	F15
so → *GT 3*	Das Leben kann so schön sein!	B20
sofortig	Sie braucht sofortige Hilfe.	H12
sogenannt	„sog." ist die Abkürzung von „sogenannt".	J13
solch* → *GT 1*	Ich habe solche Angst vor dem Zahnarzt.	F9 J4
sommerlich ↔ *herbstlich/ winterlich/ frühlingshaft*	In ganz Europa herrschen sommerliche Temperaturen von über 20 Grad.	
sonnig	Endlich mal wieder ein sonniger Tag!	K3
sonst* *(Adverb)*	Nichts war so wie sonst. Sonst noch was?	C8 E4
sonstig ≈ *andere, weitere*	Gibt es sonstige Fragen?	H12
sorgfältig	Lesen Sie den Mietvertrag sorgfältig durch.	H12
sorglos	Du gehst viel zu sorglos mit deinem Geld um.	A14 K7
sozial*	Er kommt aus einer sozial schwachen Familie.	H12
spannend* ↔ *langweilig* am spannendsten	Findest du das Buch spannend?	A9/10 D2 F8/11
sparsam* ↔ *verschwenderisch*	Er ist ein sparsamer Mensch.	B4
spät* ↔ *früh* am spätesten	Komm nicht zu spät nach Hause!	B11 K12
später* ↔ *früher*	Wir sehen uns später noch.	K12
spätestens *(Adverb)*	Ich muss spätestens um zehn gehen.	B11
speziell	Wir haben auch spezielle Kurse für Kinder.	
spitz*	Das Messer ist spitz und scharf.	B19 G1

sportlich*	Wir sind eine sportliche Familie.	B1/4/16
staatlich* ↔ *privat*	Das ist eine staatliche Schule. / staatlich geprüft	
städtisch*	Meine Tochter geht auf ein städtisches Gymnasium.	J5 K2
ständig	Sie ist ständig unzufrieden. (≈ *immer)*	A14 B4 F3
-ständig → *GT 6*	bodenständig, eigenständig, inständig, selbstständig	
stark* ↔ *schwach* stärker, am stärksten	In der Nacht hat es stark geregnet. groß und stark	A6/13 D2 C5/11 G4
-stark → *GT 6*	geburtenstark, bärenstark, lautstark, umsatzstark	B17 F13
starr ≈ *steif, fest*	Ihr Blick war starr vor Schreck.	
steif ↔ *locker*	Am PC bekommt man schnell einen steifen Hals steif und fest, steif und förmlich *K:* stocksteif *(ugs.)*	F10 H14
steil* ↔ *flach*	Die Treppe ist sehr steil.	
stein- → *GT 3*	steinalt, steinhart, steinreich	K6 B17
steinern / steinig	Kennen Sie die Steinerne Brücke in Regensburg? *(≈ aus Stein)* / Der Weg ist steinig. *(≈ mit vielen Steinen)*	K6
stetig ≈ *dauernd, laufend*	Wir bekommen stetig neue Ware.	
steuerlich	Familien werden steuerlich bevorzugt.	H11
steuerpflichtig	Ist dein Nebenjob steuerpflichtig?	H11
still*	Sei endlich still! heimlich, still und leise, still und heimlich	G16 H14
stink- *(ugs.)* → *GT 3*	stinkeinfach, stinkfaul, stinknormal, stinkreich	
stock- *(ugs.)* → *GT 3*	stockdumm, stocksauer, stocksteif, stocktaub	F10
störrisch	Sie ist störrisch wie ein Esel.	
stolz* *(auf + A)* stolzer, am stolzesten	Wir sind stolz auf unsere Leistung. Wir sind stolze Eltern einer Tochter.	A13 E8 K3
streng *(zu + D)*	Sie wurde sehr streng erzogen.	G4/10
stressig	Ich habe einen stressigen Beruf.	
stündlich	Die Nachrichten werden stündlich wiederholt.	H5
stürmisch	Es war zu stürmisch zum Segeln.	F3

stumm* → *blind/taub*	Keiner sagte ein Wort, alle nickten nur stumm.	A13
stumpf ↔ *scharf, spitz*	Das Messer ist viel zu stumpf.	G1
stundenlang*	Wir haben stundenlang auf sie gewartet.	F1/14 J3
stur ≈ *dickköpfig*	Sei doch nicht so stur!	A13
süchtig *(nach + D)*	Rauchen kann süchtig machen.	K15
-süchtig → *GT 6*	drogensüchtig, streitsüchtig	
südlich → *nördlich / westlich / östlich*	Italien zählt zu den südlichen Ländern Europas.	E11
süß*, am süßesten	Der Kuchen ist mir zu süß. *K:* zuckersüß	A2/15 C17
super *(ugs.)* ≈ *toll*	Das ist eine super Idee.	D10
super- *(ugs.)* → *GT 3*	superbillig, supergut, superschnell	F10
sympathisch*	Der neue Lehrer ist sehr sympathisch.	A1 B5 J1
tagelang*	Ich habe tagelang meine Katze gesucht.	J2
täglich*	Ich telefoniere täglich mit meinen Eltern. *K:* alltäglich, tagtäglich	D13 H5 J11 K15
tätig	In welcher Branche sind Sie tätig? *(≈ arbeiten Sie)*	H6
-tätig	gewalttätig, mildtätig, untätig, wohltätig	H6
tatsächlich*	Er hat tatsächlich im Lotto gewonnen.	E7
taub* → *blind/stumm*	Mein Opa hört schlecht, er ist fast taub.	
technisch*	Er interessiert sich für technische Berufe.	A3
telefonisch	Wir konnten Sie telefonisch nicht erreichen.	H12
teuer* teurer, am teuersten	Die Wohnung ist mir zu teuer. / Mein Oldtimer ist mir lieb und teuer. *K:* sauteuer *(ugs.)*	A9 D3 E4 F10 G16
tief*	Der See ist nicht besonders tief. *K:* abgrundtief böse/schlecht/hässlich, metertief	C11 F2
tief- → *GT 3*	tiefblau, tiefgekühlt, tieftraurig, tiefsinnig	C11 F2
tod- → *GT 3*	todmüde, todschick, todunglücklich	F10
tödlich*	Das Gift war tödlich.	E15
tolerant* *(gegenüber + D)*	Sie hat einen sehr toleranten Mann.	

toll* ≈ *super*	Du hast ein tolles Kleid an. *K:* liebestoll, tollkühn, tollwütig	C2 F9
top *(engl.)* ≈ *bestens*	Er ist immer top gekleidet. Wir sind top in Form.	
top- → *GT 3*	topaktuell, topfit, topmodisch	F10
tot*	Unser Hund ist schon lange tot.	B15
total	Ist er total verrückt? Es herrschte das totale Chaos.	E6 G9 H-K
totalitär	Es gibt immer noch totalitäre Herrschaftssysteme.	J17
traditionell	Wir feiern Weihnachten ganz traditionell.	E12 K14
traumhaft	Das Wetter war traumhaft.	C8
traurig* *(über + A)*	Seid nicht traurig! *K:* tieftraurig, todtraurig	B1 F10 G11
treu* *(+ D)* am treu(e)sten	Viele Kunden sind uns treu. / treu und brav *K:* gesetzestreu, originalgetreu, treuherzig	A12/13 B1/8
trocken* ↔ *nass*	Ist die Wäsche trocken? *K:* knochentrocken	D2 J14
tüchtig ≈ *fleißig*	Alle haben tüchtig mitgeholfen.	
-tüchtig → *GT 6*	fahrtüchtig, geschäftstüchtig, lebenstüchtig	
tückisch	Krebs ist eine tückische Krankheit. *K:* heimtückisch	K15
typisch* *(für + A)*	Das sind typische Grammatikfehler.	A3 B7 E8
übel übler, am übelsten	Mir ist übel. Ich nehme dir das nicht übel. / wohl oder übel *K:* kotzübel *(ugs.)*, speiübel, sterbensübel	G9 H14
über- → *GT 3*	überängstlich, übergenau, übernächste, übervoll	J17 K13
überdrüssig *(+ G)*	Wir sind dieses Themas überdrüssig.	
überlegen *(+ D)*	Keine Mannschaft ist ihnen wirklich überlegen.	
überfüllt	Die U-Bahn ist morgens völlig überfüllt.	E2
überragend	Die Mannschaft gewann überragend.	J11
übersichtlich	Die Grammatiktabellen sind sehr übersichtlich.	E13
überwältigend	Der Erfolg des Films war überwältigend.	E10 F17
überwiegend	Die überwiegende Mehrheit hat ihn gewählt.	
überzeugt *(von + D)*	Er ist ein überzeugter SPD-Wähler.	E8 G11
üblich*	Es wurden die üblichen Fragen gestellt.	C2

übrig*	Ist noch Käse übrig?	
ultra- → *GT 3*	ultrafein, ultrakonservativ, ultramodern, ultraviolett	
umfangreich	Das Buch ist sehr umfangreich.	
umgeben *(von + D)*	Das Schloss ist von einer Mauer umgeben.	
umgebend	Der Blick auf die umgebenden Berge ist fantastisch.	
umsonst*	Die Mühe war nicht umsonst. *(≈ vergeblich)*	
un- → *GT 3*	unbewusst, undankbar, unglücklich, ungerecht	F12 J7/8
unabhängig	Ich möchte Geld verdienen und unabhängig sein.	J17
unbedingt* ≈ *dringend*	Du musst mir unbedingt helfen.	E5/12 K14
unbegreiflich *(+ D)*	Es ist uns unbegreiflich, wie das passieren konnte.	G9
unberechenbar	Das Wetter in den Bergen ist unberechenbar.	E15
undeutlich	Sie spricht sehr undeutlich, man versteht sie kaum.	H4
unendlich ≈ *endlos*	Das Weltall ist unendlich.	
unerfüllbar	Eure Wünsche sind leider unerfüllbar.	H6
unerträglich	Die Hitze ist unerträglich.	K10
unfreundlich	Die Verkäuferin war ziemlich unfreundlich.	H4
ungefähr*	Wann seid ihr ungefähr fertig?	
ungeheuer ≈ *extrem*	Die Prüfung ist ungeheuer wichtig.	
ungewiss	Die Zukunft ist ungewiss.	
ungewöhnlich	Sie ist für ihr Alter ungewöhnlich groß.	F1
unheimlich*	Das alte Haus ist uns unheimlich.	B2
unklar ≈ *unverständlich*	Bitte fragen Sie uns, wenn Ihnen etwas unklar ist.	F9
unleserlich	Sie hat eine unleserliche Schrift.	F12
unmittelbar ≈ *direkt*	Die Geburt steht unmittelbar bevor.	E10
unnütz ↔ *nützlich*	Was ihr hier lernt, ist kein unnützes Zeug.	F9
unter- → *GT 6*	unterbezahlt, unterdurchschnittlich, unterschwellig	K13
untere* → *obere* unterste	Sie unterrichtet in den unteren Klassen.	G5

unterhaltsam	Der Film ist sehr unterhaltsam.	F8
unterschiedlich *≈ verschieden ↔ gleich*	Die beiden Schwestern sind sehr unterschiedlich.	J17
unübersehbar	Du hast unübersehbare Fortschritte gemacht.	E13
unverbindlich	Fordern Sie unverbindlich unseren Katalog an. *(≈ ohne Verpflichtung)*	E10
unverschämt	Deine Antwort war ganz schön unverschämt.	
unvorhersehbar	Der Stau war unvorhersehbar.	E13 J6
unzählig *≈ zahllos*	Wir haben das schon unzählige Male wiederholt.	E15
ur- *→ GT 3*	uralt, urgemütlich, urkomisch, urplötzlich	F10
urig	In Österreich gibt es viele urige Almhütten.	
väterlich *→ mütterlich*	Mein Chef ist ein richtig väterlicher Typ.	K2
vegetarisch*	Wir essen gern vegetarisch.	
verabredet*	Ich bin heute mit ihr zum Essen verabredet.	B7
verantwortlich* *(für + A)*	Wer ist für den Schaden verantwortlich? *K:* eigenverantwortlich	H6/8
verbindlich *≈ fest*	Die Anmeldung zum Sprachkurs ist verbindlich.	
verboten* *↔ erlaubt*	(Hier ist) Baden verboten!	
verdächtig	Sein Verhalten hat ihn verdächtig gemacht. die üblichen Verdächtigen *(ugs.) (idiom.)*	
vergeblich*	Alle Diskussionen darüber waren vergeblich.	
vereinbar *(mit + D)*	Ihr Beruf ist mit Kindern gut vereinbar.	
verfügbar	Es sind mehrere Fahrräder dieser Marke verfügbar.	K15
vergleichbar *(mit + D)*	Das ist nicht miteinander vergleichbar.	J2
verheiratet* *→ ledig → geschieden*	Er ist schon lange verheiratet.	A1 J3
verletzt	Ich habe eine verletzte Hand.	D12/17 J4
verliebt *(in + A)*	In wen bist du verliebt?	B3/7 D8
verloren	Das ist verlorene Zeit.	J5

vermeintlich ≈ *angeblich*	Wo soll der vermeintliche Fehler sein?	
vermögend ≈ *reich*	Meine Familie ist nicht sehr vermögend.	
vernünftig*	Das war eine vernünftige Entscheidung.	B4 K9
verrückt* *(nach + D)*	Er hat immer verrückte Ideen.	A16 B8/14
verschieden* ≈ *unterschiedlich* ↔ *gleich*	Wir haben verschiedene Meinungen.	D6 F11/15 J6 K14
verschlossen	Die Tür war verschlossen.	
verschmutzt ≈ *schmutzig*	Das Wasser hier ist verschmutzt.	E2
verschuldet	Die Familie ist hoch verschuldet.	D18
verschwenderisch ↔ *sparsam*	Sei nicht so verschwenderisch.	
versessen *(auf + A)*	Sind Deutsche wirklich so versessen auf Pünktlichkeit?	
verständig	Sie reagierte sehr verständig. *K:* kunstverständig, sachverständig	
verständlich	Der Text ist gut verständlich.	H6
verstorben ≈ *gestorben*	Er ist leider verstorben. / sein verstorbener Vater	B15
verträglich	Das ist ein gut verträgliches Medikament.	K14
verwandt* *(mit + D)*	Wir sind nicht miteinander verwandt.	B15 H8
verwickelt *(in + A)*	Mehrere Politiker sind in den Skandal verwickelt.	D12
verwitwet*	Meine Oma ist schon lange verwitwet.	
verwöhnt	Er ist kein verwöhnter Junge. *K:* erfolgsverwöhnt	A14
verwundert	Er war sehr verwundert, mich zu sehen.	
verzweifelt	Ich suche verzweifelt den Autoschlüssel.	J10
viel* → *GT 1* ↔ *wenig* → mehr → am meisten	Er hat viele Freunde. *K:* viel diskutiert, vielsagend, vielversprechend	E3 F5/9 G1/7 K15
voll*	Leider ist der Kurs schon voll. Ich habe die Nase voll. *(ugs.) (idiom.)* / voll und ganz	F16 C1/3 B12 H14
voll / voller	Der Saal war voll (von) / voller Menschen. voll des Lobes für dich / über das Buch	E8 F16

-voll → *GT 6*	gefühlvoll, humorvoll, knallvoll *(ugs.)*, kraftvoll, sternhagelvoll *(ugs.) (vulg.)*, wundervoll, übervoll	D17 J9
voll- → *GT 6*	vollautomatisch, vollschlank *(ugs. ≈ dick)*, vollzählig	
volljährig	Mit 18 (Jahren) ist man volljährig.	
vollkommen ≈ *ganz*	Ich habe den Termin vollkommen vergessen.	
vollständig ≈ *komplett*	Das Haus ist vollständig renoviert worden.	
völlig ≈ *ganz, total*	Das ist völlig falsch.	
vor- → *GT 6*	vorbestraft, voreilig, vorletzte, vorweihnachtlich	
voraussichtlich	Der Zug hat voraussichtlich Verspätung.	E13
vordere ↔ *hintere*	Im Theater sind die vorderen Plätze die teuersten.	G5
vorhanden	Dafür ist nicht genug Geld vorhanden. *(≈ es gibt nicht)*	
vorherig	Dieses Spiel war nicht so gut wie das vorherige.	H9
vorige*	Voriges Jahr hat es den ganzen Juni geregnet.	
vorläufig*	Der Bau der neuen Autobahn ist vorläufig gestoppt.	
vorsichtig*	Fahr bitte vorsichtig. *K:* übervorsichtig	
waagerecht* ≈ *horizontal* ↔ *senkrecht*	Das Bild hängt nicht ganz waagerecht.	
wach*	Ich bin schon seit zwei Stunden wach. *K:* hellwach	
wahnsinnig*	Die Diskussion macht mich noch wahnsinnig.	B2
wahr*	Seine Träume sind alle wahr geworden!	B8 J10
wahrscheinlich*	Wahrscheinlich hat er recht. *K:* höchstwahrscheinlich	B3 D11 K9
warm* ↔ *kalt, kühl* wärmer, am wärmsten	Heute ist es sehr warm draußen. *K:* warmherzig	A2/7 C5/6 D9 E5 F4
-warm → *GT 6*	feuchtwarm, handwarm, lauwarm, zimmerwarm	
wärmstens *(Adverb)*	Dieses Buch kann ich Ihnen wärmstens empfehlen.	C15
weiblich* ↔ *männlich*	Über die Hälfte der Medizinstudenten ist weiblich.	B2
weich* ↔ *hart*	Der Pulli ist schön weich.	C1/3/11
weihnachtlich	Die Innenstadt ist weihnachtlich geschmückt. *K:* vorweihnachtlich	

weiß*	Wo ist mein weißes Hemd? / weiß wie die Wand *(idiom.)* *K:* blütenweiß, reinweiß, schneeweiß	B12/18 D1/6/9 K1
weit* ↔ *nah, eng*	Ist es noch weit bis zum Bahnhof? weit und breit	A9 D3 E13 G13 H14
-weit → *GT 6*	extraweit, himmelweit, landesweit, meilenweit, sperrangelweit *(ugs.)*, unweit, weltweit	E12
weit- → *GT 6*	weiträumig, weitreichend, weitsichtig, weitverbreitet	
weitere → *GT 1*	Haben Sie noch weitere Fragen?	G8 J4
weitgehend weitestgehend	Er ist als Schriftsteller weitgehend/weitestgehend unbekannt.	J7
welcher* → *GT 1*	Welches neue Buch sollte man unbedingt lesen?	F9
wenig* → *GT 1* weniger, am wenigsten	Wir haben heute wenig Zeit. Weniger ist mehr. *(idiom.)*	A11 C16 G6 K14
wenigstens *(Adverb)*	Trink wenigstens etwas!	C15 F6
wert* *(+ A / + G)*	Der Ring ist sehr viel wert. Sie ist deiner nicht wert.	C7
-wert → *GT 6*	beneidenswert, erstrebenswert, erwähnenswert, verachtenswert, wissenswert	F12/H13 J15/K3/10
-wertig → *GT 6*	hochwertig, höherwertig, minderwertig, neuwertig	D6/15
wertlos	Die Vase ist zwar schön, aber wertlos.	B9
wertvoll ≈ *kostbar, teuer*	Das ist ein sehr wertvolle Uhr.	J5/13 K3
wesentlich*	Bier trinke ich wesentlich lieber als Wein.	G13/14
westlich → *nördlich/südlich/östlich*	Westliche Kleidung ist fast weltweit verbreitet.	E11
wichtig*	Das ist nicht wichtig. Er nimmt sich viel zu wichtig. *K:* (über)lebenswichtig, wichtigtuerisch	B3/5/14 D2 G14
wider- → *GT 6*	widerrechtlich, widersinnig, widersprüchlich	
widerlich / widerwärtig	Ihr Verhalten ist einfach widerlich/widerwärtig.	
wild am wildesten	Gibt es hier wilde Tiere? / halb so wild *(ugs.) (idiom.)* *K:* fuchsteufelswild *(ugs.)*, wildfremd	G4
willig ≈ *bereit*	Die Schüler sind willig zu lernen.	
-willig → *GT 6*	eigenwillig, lernwillig, mutwillig, unwillig, widerwillig	

willkommen*	Herzlich willkommen in Deutschland!	
windig	Am Meer ist es oft windig.	F3
winterlich → *herbstlich/ frühlingshaft/sommerlich*	Die nächsten Tage bleiben winterlich kalt.	
winzig ↔ *riesig*	Der Text ist winzig klein geschrieben.	
wirklich ≈ *tatsächlich*	Stimmt das wirklich?	G2 H2 C7
wirksam ≈ *effektiv*	Das Medikament ist sehr wirksam. *K:* hochwirksam, publikumswirksam	K14
wirtschaftlich	Die wirtschaftliche Situation hat sich verbessert.	E15 J17
wissenschaftlich	Sie ist wissenschaftliche Assistentin an der Uni.	D6 K14
witzig ≈ *lustig*	Ich finde deine Bemerkung nicht witzig.	
wochenlang*	Es hat wochenlang nur geregnet.	J3/2
wöchentlich	Die wöchentliche Arbeitszeit beträgt 37,5 Stunden.	H5
wohl*	Wir haben uns bei euch sehr wohl gefühlt. wohl oder übel *K:* pudelwohl *(ugs.)*, sauwohl *(ugs.)*	H14
wohl- → *GT 6*	wohlbekannt, wohldurchdacht, wohlerzogen, wohlklingend, wohlverdient, wohlwollend	
wohlhabend ≈ *reich*	Sie stammt aus einer wohlhabenden Familie.	
wolkig ≈ *bewölkt*	Es bleibt den ganzen Tag wolkig.	F3
wunderbar*	Das Wetter war wunderbar.	E12 F8 J8
würdig *(+ G)*	Er ist ihrer nicht würdig.	
-würdig → *GT 6*	(alt)ehrwürdig, denkwürdig, fragwürdig, kreditwürdig, menschenunwürdig	K14
wütend* *(auf + A)* ≈ *zornig*	Er macht ein wütendes Gesicht.	B7
-wütig → *GT 6*	kaufwütig, reisewütig, tollwütig, zerstörungswütig	
zäh am zäh(e)sten	Das Fleisch ist aber zäh! / zäh fließender Verkehr, *K:* zähflüssig	
zahllos ≈ *unzählig*	Es gibt zahllose Gründe dagegen.	
zahlreich*	Schön, dass Sie so zahlreich erschienen sind!	B15 F8 K3
zart, am zartesten	Ihre Haut ist zart. *K:* hauchzart, zartbitter, zartrosa	C5/14 F2

zeitig ≈ *früh*	Wir sind heute zeitig aufgestanden.	
-zeitig → *GT 6*	derzeitig, frühzeitig, kurzzeitig, rechtzeitig	
zeitgenössisch	Er ist ein zeitgenössischer Künstler.	
zeitlich	Der Vertrag ist zeitlich befristet.	
-zeitlich → *GT 6*	jahreszeitlich, neuzeitlich, zwischenzeitlich	
zentral*	Die Wohnung liegt sehr zentral.	C4
zerbrechlich	Glas ist zerbrechlich.	
ziemlich*	Ich bin ziemlich müde. Es gab ziemlichen Ärger.	
zornig* ≈ *wütend*	Viele sind zu Recht zornig.	
zu ≈ *geschlossen* ↔ *auf*	Die Fenster sind zu.	
zu → *GT 3*	Die Wohnung ist leider zu teuer.	F7 B20
zufällig*	Wir haben ihn zufällig in der Stadt getroffen.	B10
zufrieden* *(mit + D)*	Bist du mit dem Ergebnis zufrieden?	H7/9 B11
zukünftig → *künftig*	Das ist mein zukünftiger Mann.	
zuständig *(für + A)*	Ich bin in der Firma für Marketing zuständig.	H7/12
zuverlässig*	Sie arbeitet sehr zuverlässig.	D6
zweifach* → *GT 8*	Sie ist zweifache Mutter.	
zweimal* *(Adv.)* → *GT 8*	Ich habe schon zweimal angerufen.	
zweite* → *GT 8*	Deutschland ist seine zweite Heimat.	E1 F11 J4
zweitens* *(Adv.)* → *GT 8*	erstens, zweitens, drittens	B11
zwischen- → *GT 6*	zwischenmenschlich, zwischenzeitlich	

Adjektive mit Präposition

A Akkusativ G Genitiv D Dativ Inf. Infinitiv

abhängig* *von* + D	vom Wetter
allergisch *auf/gegen* + A	auf Katzenhaare / gegen Milchprodukte
angenehm *für* + A	für mich
angesehen *bei* + D	bei seinen Kollegen
angewiesen *auf* + A	auf finanzielle Unterstützung
anstrengend *für* + A	für ältere Leute
ärgerlich* *für/ auf/ über* + A	für mich / auf meinen Freund / über die Rechnung
arm* *an* + D	an Bodenschätzen
aufgeschlossen *gegenüber* + D D + *gegenüber*	gegenüber allem Neuen mir gegenüber
aufmerksam* *(machen/ werden)* *auf* + A	auf Gefahren
befreundet *mit* + D	mit dem Präsidenten
begeistert *von* + D	von der Stadt
begierig nach + D	begierig nach Wissen
behilflich *bei* + D	bei den Hausaufgaben
bekannt* *für* + A / bei + D	für das gute Essen / bei allen Lehrern
beliebt* *bei* + D	bei den Touristen
bereit* *für* + A / *zu* + D/Inf.	für die Prüfung / zu allem / zu helfen
berühmt* *für* + A	für seine Bauwerke
beschäftigt *mit* + D	mit den Vorbereitungen
besessen *von* + D	vom Erfolg
besonders* *an* + D	an Bayern
besorgt *um/ über* + A *wegen* + G	um seine Gesundheit / über die aktuelle Lage wegen seiner Schulden
beteiligt *an* + D	am Gewinn
betroffen *von* + D / *über* + A	von der Wirtschaftskrise / über die Kritik

beunruhigt *über* + A	über die Entwicklung
bezeichnend *für* + A	für einen Manager
blass* *vor* + D	vor Aufregung
blind* *vor* + D	vor Liebe
böse* *auf* + A / *zu* + D	auf euch / zu seiner Schwester
charakteristisch *für* + A	für dieses Land
dankbar* *für* + A	für die Informationen
ehrlich* *zu / gegenüber* + D D + *gegenüber*	zu / gegenüber seinen Eltern uns gegenüber
eifersüchtig *auf* + A	auf ihre Schwester / ihren Erfolg
einverstanden* *mit* + D	mit der Veröffentlichung
empfänglich *für* + A	für Werbung
empfindlich *gegen* + A *gegenüber* + D D + *gegenüber*	gegen Hitze gegenüber Kritik Umwelteinflüssen gegenüber
entfernt* *von* + D	weit entfernt vom Ziel
entscheidend *für* + A	für den Erfolg
entsetzt *über* + A	über sein Verhalten
enttäuscht *von* + D / *über* + A	von seinem Chef / über das Ergebnis
erfahren *in* + D	in Teamarbeit
erfreut *über* + A	über das Ergebnis
erkrankt *an* + D	an Grippe
erleichtert *über* + A	über das Urteil
erstaunt *über* + A	über die Veränderungen
fähig *zu* + D / Inf.	fähig zu allem / zu lernen
fair* *zu / gegenüber* + D D + *gegenüber*	zu den Schülern / gegenüber dem Partner den Kollegen gegenüber
fertig* *mit* + D	mit der Arbeit
frech* *zu* + D	zu den Eltern

frei* *von* + D	von Konservierungsstoffen
freundlich* *zu* + D	zu den Nachbarn
froh* *über* + A	über die Ferien
geduldig *mit* + D	mit den Studenten
geeignet* *für* + A	für Kinder
gefährlich* *für* + A	für Radfahrer
genug* *für* + A	für alle / für heute
geschieden* *von* + D	von ihrem Mann
gespannt *auf* + A	auf den Film
getrennt* *von* + D	von der Familie
gewöhnt *an* + A	an das Wetter
gierig *nach* + D / *auf* + A	nach Schokolade / auf den Titel
gleichgültig *gegenüber* + D D + *gegenüber*	gegenüber seinen Mitarbeitern uns allen gegenüber
glücklich* *über* + A	über die bestandene Prüfung
höflich* *zu* + D	zu den Gästen
hungrig* *nach* + D / *auf* + A	nach Liebe / auf Sonne und Meer
immun *gegen* + A	gegen Grippeviren
interessiert *an* + D	an weiteren Informationen
kritisch* *gegen + A* *gegenüber* + D D + *gegenüber*	gegen euch selbst gegenüber seinen Versprechungen seinen Äußerungen gebenüber
lieb* *zu* + D	lieb zu eurer Oma
misstrauisch *gegenüber* + D D + *gegenüber*	gegenüber Fremden ihnen gegenüber
müde* *von* + D	von der Arbeit
neidisch *auf* + A	auf den Erfolg der anderen
nett* *zu* + D	zu jedem
neugierig* *auf* + A	auf die Geschenke

nützlich* *für* + A	für dich / für die Reise
offen* *für* + A	für Neues
passend *für* + A / *zu* + D	für alle Größen / zur Hose
peinlich *für* + A	für uns alle
reich* *an* + D	an Vitaminen
reif* *für* + A	für die Schule
rot* *vor* + D	vor Zorn
sauer* *auf* + A *(ugs.)*	auf meinen Freund
schädlich *für* + A	für Kinder / für die Gesundheit
schlecht* *für* + A	für die Karriere
schlimm* *für* + A	für alle
schuld *an* + D	an dem Unglück
schwer* *für* + A	für ihn
schwierig* *für* + A	für mich
sicher* *vor* + D	vor Einbrechern
starr *vor* + D	vor Kälte
stolz* *auf* + A	auf die Mannschaft
streng *zu* + D	zu den Kindern
süchtig *nach* + D	nach Ruhm und Anerkennung
tolerant* *gegenüber* + D D + *gegenüber*	gegenüber Ausländern anderen Menschen gegenüber
traurig* *über* + A	über die Ereignisse
typisch* *für* + A	für einen Deutschen
überzeugt *von* + D	von der Qualität / von sich selbst
umgeben *von* + D	von Bäumen
verabredet* *mit* + D	mit Freunden
verantwortlich* *für* + A	für das Projekt
vereinbar *mit* + D	mit Kindern und Familie

vergleichbar *mit* + D	mit anderen Ländern
verheiratet* *mit* + D	mit seiner Jugendfreundin
verliebt *in* + A	in meinen Bruder
verrückt* *nach* + D	nach Schokolade
verschieden* *von* + D	von mir / von Europa
versessen *auf* + A	auf jedes Detail
verwandt* *mit* + D	mit dem Königshaus
verwickelt *in* + A	in den Skandal
voll* *von/mit* + D voller	(voll Wasser) / voll von Büchern / voll mit Müll voller Geheimnisse
wichtig* *für* + A	für den Beruf
wild *auf* + A	auf Schokolade
wütend* *auf* + A	auf seinen Vater
zornig* *auf/über* + A	auf ihn / über sein Verhalten
zufrieden* *mit* + D	mit seinem Leben
zuständig *für* + A	für die Finanzen

Übungen zu Adjektiven mit Präposition: **B**3/7/8/13 **D**12 **E**8 **F**16 **G**11 **H**7/8

→ *GT 7 Ergänzungen*

Lösungen

A. Menschen und Tiere

B. Liebe, Familie und Freundschaft

C. Wohnen und Essen

D. Alltag und Gesundheit

E. Reisen und Verkehr

F. Wetter und Freizeit

G. Schule und Lernen

H. Arbeit und Beruf

J. Medien, Aktuelles und anderes

K. Teste dich selbst! Schwierige Übungen für Mutige

A. Menschen und Tiere

A1 **A.** 1. ledig – lang 2. groß – kurz – sympathisch 3. verheiratet – klein – nett 4. alt – grau – freundlich 5. jung – geschieden – ruhig
B. 1. junge – braun*en* – erst*en* 2. groß*e*, sympathisch*e* – kurz*en* blond*en* 3. nett*e* verheiratet*e* – klein*en* 4. alt*e* – grau*en* – freundlich 5. hübsch*e* jung*e* – zweit*en* → *GT 1*
C. *Familienstand*: ledig, verheiratet, geschieden *Haarfarbe*: braun, blond, grau *Eigenschaften*: alt, jung, groß, klein, kurz, lang, hübsch, freundlich, sympathisch, nett, ruhig

A2 **A.** 1. – 6. ein*e* süß*e* Katze – ein fett*es* Hausschwein – ein eigen*es* Pferd – ein*en* frech*en* Hamster – ein*en* gelb*en* Kanarienvogel – ein*en* lustig*en* Hase*n* → *GT 1*
B. 1. warm*e* 2. roh*e* 3. frisch*e* 4. trocken*es* 5. grün*en* 6. hart*es* → *GT 1*

A3 **A.** 1. praktisch sein 2. technischen Beruf 3. typisches Mädchenfach 4. klassische Musik 5. afrikanischer Trommelmusik 6. österreichische Heimatfilme 7. schweizerisch ist 8. amerikanischen Lebensart 9. europäische Kultur 10. italienische Küche 11. asiatisch essen 12. bayerisches Bier 13. fränkischer Wein → *GT 1/6*
B. *Länderbezeichnungen*: afrikanisch, österreichisch, schweizerisch, amerikanisch, europäisch, italienisch, asiatisch, bayerisch, fränkisch
andere: technisch, typisch, klassisch
C. *Länder*: Afrika, Österreich, (die) Schweiz, Amerika, Europa, Italien, Asien, Bayern, Franken

A4 **A.** 1. ... am liebsten leben/wohnen? 2. ... am besten erreichen? 3. ... am liebsten lernen? 4. ... am liebsten wohnen/leben? 5. ... am besten essen? 6. ... am besten passen? → *GT 2*
B. 1. Am liebsten würde ich in der Schweiz leben. 2. Am besten kann man mich abends erreichen. 3. Am liebsten würde ich Chinesisch lernen. 4. Am liebsten würde ich in Berlin wohnen. 5. Am besten kann man hier beim Italiener essen. 6. Am besten würde mir für unser Treffen der nächste Sonntag passen.

A5 1. ... dieses *alte* Fahrrad ... 2. ... eure *alten* Freunde ... 3. ..., nur weil es *alt* ist? 4. ... so viel *altes* Zeug? 5. ... zwei *neue* Laptops ... 6. ... mit *neuen* Schuhen ... 7. dauernd *neu* einkleiden? 9. ... dein *neues* Auto ... 10. Dein *neuer* Freund ... → *GT 1*

A6 1. schlechter 2. klüger 3. stärker 4. gefährlicher 5. länger 6. besser → *GT 2*

A7 **A.** 1. älter 2. kleiner oder größer 3. kürzer oder länger 4. wärmer oder kälter 5. leichter oder härter 6. ärmer oder reicher 7. schwächer oder stärker 8. niedriger oder höher 9. dümmer oder klüger → *GT 2*
B. *Adj./Komparativ + Umlaut + -er*: alt/älter, groß/größer, kurz/kürzer, lang/länger, warm/wärmer, kalt/kälter, hart/härter, arm/ärmer, schwach/schwächer, stark/stärker, hoch/höher, dumm/dümmer, klug/klüger
Adj./Komparativ + -er: leicht/leichter, reich/reicher, niedrig/niedriger

A8 **A.** 1. allerbester Freund 2. allergrößtes Geheimnis 3. allerschlimmste Unglück 4. allerwichtigste Mensch 5. allerliebstes Spielzeug

B. 1d 2b 3c 4f 5a
C. 1. allerbester 2. allergrößtes 3. am allerschlimmsten 4. am allerwichtigsten 5. am allermeisten

A9 **A. + B.** 1b: schlimmste 2g: teuerste 3d: weiteste 4e: frechsten 5a: längste 6c: beste
C. 1. schlimmere 2. teurere 3. weitere 4. frechere 5. längerer 6. bessere → *GT 2*

A10 **A.** 1. das Spannendste 2. das Lustigste 3. das Peinlichste 4. das Dümmste 5. das Blöd(e)ste 6. das Schönste 7. das Schlimmste 8. das Tollste → *GT 5*
B. 1. Das Spannendste, was ich je gelesen habe, war ... 2. Das Lustigste, was ich je erlebt habe, war ... 3. Das Peinlichste, was mir je passiert ist, war ... 4. Das Dümmste, was ich je gesagt habe, war ... 5. Das Blödeste, was ich je gemacht habe, war ... 6. Das Schönste, was ich je gesehen habe, war ... 7. Das Schlimmste, was mir je passiert ist, war ... 8. Das Tollste, was es gibt, ist ...

A11 *Beispiele für mögliche Lösungen:* 1. Weniger gelungen. 2. Mehr als sympathisch. 3. Weniger aufregend. 4. Mehr als verrückt. 5. Weniger gut.

A12 1. treu*e* – lieb*e* – großzügig*en* – gut*er* 2. regelmäßig*en* – lang*e* – merkwürdig*e* – interessant*en* 3. spielend*e* – toll*es* – lustig*e* – fröhlich*e* – nett*e* – nett*e* 4. gefährlich*e* – begeistert*e* – ängstlich*e* – langweilig*e* – ganz*en* 5. bunt*e* – gemütlich*e* – heiß*en* – neblig*e* – kühl*e* → *GT 1*

A13 1e 2d 3a 4c 5h 6f 7g 8i

A14 1d 2a 3c 4b 5e 6f

A15 1. gut*em* 2. Best*er* 3. kürzest*er* – erfolgreich*er* 4. hübschest*e* – ganz*en* – süß*e* 5. sozial*en* – mehrere 6. schön*en* – klassisch*er* 7. hoh*en* – ganz*e* → *GT 1*

A16 **A.** 1d 2a 3e 4f 5c 6l 7h 8j 9k 10i 11g
B. 1. Hund 2. Katze 3. Sau 4. Ziege 5. Huhn 6. Gans 7. Ente 8. Pfau 9. Hecht 10. Aal

B. Liebe, Familie Freundschaft

B1 *Beispiele für mögliche Lösungen:* 1. männlich, schlank, geschieden sucht weiblich, blond, fröhlich 2. weiblich, attraktiv, intelligent sucht männlich, dick, lustig

B2 **A.** 1. merkwürdig*en* 2. komisch*e* 3. kompliziert*en* 4. seltsam*e* 5. wahnsinnig*e* 6. unheimlich*e* 7. normal*es* → *GT 1*
B. 1. merkwürdig*en* 2. komisch*en* 3. kompliziert*e* 4. Seltsam*e* 5. wahnsinnig*en* 6. unheimlich*en* 7. normal*en* → *GT 1*

B3 1. sauer 2. unfreundlich 3. interessiert 4. wichtig → *GT 7*

B4 1. ängstlich 2. ähnlich*er* 3. sparsam 4. großzügig 5. vernünftig*er* 6. ordentlich*er* → *GT 2*

B5 1. *mir* sicher – *dir* sympathisch 2. *uns* ... recht – *uns* lieber 3. *ihr* ... fremd – *ihr* ... unangenehm 4. *Mir* ... klar – *ihr* ... langweilig 5. *ihr* ... wichtig – *ihr* behilflich → *GT 7*

B6 1. *Je besser* sie ihm gefiel, *desto öfter* musste er an sie denken. 2. *Je öfter* er an sie denken musste, *desto verliebter* war er in sie. 3. *Je verliebter* er in sie war, *desto mehr* Geschenke machte er ihr. 4. *Je mehr* Geschenke er ihr machte, *desto mehr* Aufmerksamkeit bekam er von ihr. 5. *Je mehr* Aufmerksamkeit er von ihr bekam, *desto größere* Hoffnungen machte er sich. 6. *Je größere* Hoffnungen er sich machte, *desto größer* war am Ende seine Enttäuschung. → *GT 2*

B7 **A.** 1. *an* ... interessiert – nett *zu* – fair *von* 2. *mit* ... verabredet – typisch *für* – schlecht *für* 3. *bei* ... beliebt – *mit* ... befreundet – verliebt *in* 4. wütend *auf* – unfreundlich *zu* – müde *von* → *GT 7*

B. 1. *An wem* ... interessiert? *Zu wem* ... nett? *Von wem* ... unfair? 2. *Mit wem* ... verabredet? *Für wen* ... typisch? 3. *Bei wem* ... beliebt? *Mit wem* ... befreundet? *In wen* ... verliebt? 4. *Auf wen* ... wütend? *Zu wem* ... unfreundlich? → *GT 7*

B8 1f 2a 3c 4b 5d

B9 **A. + B.** 1. arbeitslos (Arbeit + *-s-* + *-los*) 2. wertlos (Wert + *-los*) 3. problemlos (Problem + *-los*) 4. hoffnungslos (Hoffnung + *-s-* + *-los*) 5. erfolglos (Erfolg + *-los*) 6. wunschlos (Wunsch + *-los*) → *GT 6*

B10 1. zweiten 2. zweimal – dritten 3. viermal – vierten – fünfundzwanzigsten 4. siebten – dreißigsten 5. (ein)hundertste – (ein)hundert 6. der Zweite → *GT 8*

B11 1. spätestens 2. höchstens 3. meistens 4. letztens 5. mindestens 6. frühestens 7. erstens – zweitens

B12 1. die ganze Geschichte 2. ganz nett 3. ganz verrückt 4. ganz klassisch 5. ganz in Weiß 6. ihr ganzes Geld 7. voll und ganz 8. den ganzen Tag 9. Das Ganze 10. ganz verliebt 11. ganz der Vater 12. die ganze Familie

B13 1c 2b 3d 4f 5e 6g 7j 8h 9i 10m 11l 12k

B14 1. was Interessantes? 2. Das Verrückteste / Das Beste / Das Wichtigste 3. das Beste / das Verrückteste 4. einen Neuen 5. Das Einzige 6. das Wichtigste / das Beste → *GT 5*

B15 1. viele Verwandte 2. alle Angehörigen 3. Vorsitzender 4. Unter den Trauernden 5. des Toten/Verstorbenen 6. Die meisten Anwesenden 7. Der Verstorbene/Tote → *GT 5*

B16 1. Mit beiden 2. Die beiden Frauen 3. Alle beide 4. Beide Frauen 5. beider Frauen 6. sie beide 7. meinen beiden Frauen 8. eine der beiden 9. mit den beiden 10. Beides 11. Die beiden schönen Frauen

B17 1. potthässlich*e* 2. steinreich 3. Bettelarm*e* 4. grundehrlich 5. scheinheilig 6. bärenstark 7. riesengroß → *GT 3*

B18 1. pechschwarz*e* 2. schneeweiß 3. feuerrot 4. grasgrün*e* 5. zitronengelb*es* 6. grau*e* → *GT 6*

B19 **A.** 1. kühl*en* – klein*en* – kalte – gut*es* 2. leichte – faul*en* – kalte 3. spitze – falsch*en* 4. offen*es* – freie

B. 1c 2d 3a 4b

B20 1. viel *zu* lang 2. nie *zu* spät 3. *so* schön 4. viel *zu* schnell 5. *so* gut 6. *so* romantisch 7. *so* gut 8. *zu* alt für dich – *zu/so* naiv 9. *so/zu* ernst

C. Wohnen und Essen

C1 **A.** 1. hässlich ↔ hübsch 2. klein ↔ groß 3. hoch ↔ niedrig 4. alt ↔ neu 5. hart ↔ weich 6. kurz ↔ lang 7. schmutzig ↔ sauber 8. leer ↔ voll
B. + C. 1. eine helle 2. Das hässliche – ein hübsches 3. Der alte – einen neuen 4. Der harte – Den weichen 5. das schmutzige – ein sauberes → *GT 1*

C2 **A.** 1. groß*en* 2. Viel*e* – üblich*en* 3. gut*e* – billig*en* 4. langweilig*e* – toll*en* 5. alt*en* 6. modern*en* – schön*e* → *GT 1*
B. 1. Das Adjektiv hat im Nominativ und Akkusativ Plural nach einem Artikelwort die Endung *-en*, ohne Artikelwort (= nach Nullartikel) die Endung *-e*.
2. Das Adjektiv hat im Dativ Plural immer die Endung *-en*.

C3 1. ganz*e* 2. grün*er* – grün*en* – heiß*en* 3. neu*e* – alt*e* 4. weich*es* 5. neu*e* – mager*en* – Mager*er* 6. voll*en* → *GT 1*

C4 **A.** 1. Balkon 2. Büroräume – Lage 3. Laden – Einkaufszentrum 4. Altbau – Küche 5. Stadthaus – Viertel 6. Wohnung – Garten 7. Zimmer – Balkon 8. Büro – Lage 9. Wohnungen – Mietshaus 10. Altbauwohnung – Räumen → *GT 1*
B. *Nom. Sg.: m* kleiner, renovierter *f* moderne, typische *n* schönes, möbliertes, preiswertes *Nom. Pl.:* einzelne, mehrere
Dat. Sg.: m großem, eigenem, kleinem *f* guter, neuer, zentraler *n* lebendigem, ruhigem, neuem *Dat. Pl.:* hohen → *GT 1*

C5 1. brav*er* 2. bunt*er* 3. Zart*eres* 4. schärf*er* 5. stärk*er* 6. wärmer*en* 7. klar*er* → *GT 2*

C6 1. Dressing 2. Blattsalat 3. Garnelen 4. Art 5. Hähnchenbrust 6. Kräutern 7. Gemüse 8. Sahnesauce 9. Himbeeren 10. Apfelstrudel 11. Eis 12. Früchten → *GT 1*

C7 1. Die neue Wohnung ist der alten ziemlich ähnlich. 2. Der Hausmeister ist mir nicht besonders sympathisch. 3. Die alten Möbel sind keinen einzigen Euro mehr wert. 4. Unser Schlafzimmerschrank ist drei Meter lang. 5. Die Küche ist nur zwei Meter breit. 6. Das ist meinem Mann und mir aber egal. 7. Wir sind euch für eure Hilfe sehr dankbar. → *GT 7*

C8 1. besser *als* erwartet 2. so oft *wie* möglich 3. so laut *wie* befürchtet 4. so gut *wie* nicht zu hören 5. so viel Spaß *wie* nie zuvor 6. mehr *denn* je 7. anders *als* sonst 8. so bald *wie* möglich 9. so gut *wie* immer → *GT 2*

C9 1. Besseres 2. Schöneres 3. Billigeres 4. Größeres 5. Neueres 6. Leichteres → *GT 5*

C10 **A.** 1 gekochte – gekochten 2. geschnittene 3. schneidendes 4. würzenden 5. gewürzte
B. *Partizip I:* kochend, schneidend, würzend *Partizip II:* gekocht, geschnitten, gewürzt *Infinitiv:* kochen, schneiden, würzen → *GT 4*

C11 1. stark gewürzt – Stark gewürzt*e* 2. selbst gebacken – Selbst gebacken*en* 3. selbst gemacht – selbst gemacht*e* 4. gut gekühlt – gut gekühlt*er* 5. knusprig gebraten – knusprig gebraten*e* 6. weich gekocht – weich gekocht*e* 7. tiefgefroren – Tiefgefroren*es* → *GT 4*

C12 1. drei Radler 2. ein Stück – zwei Erdbeerkuchen – zwei Kännchen 3. zwei Glas/ Gläser – drei Tassen – zwei Tee – drei Kaffee 4. ein Viertel – zwei doppelte Espresso 5. drei gemischte Eis – zwei Portionen – drei Mineralwasser

C13 1. Kiste – Pfund 2. Flaschen – Kästen – Liter 3. Paar – Salatköpfe – Dosen 4. Scheiben – Beutel – Säcke/Sack 5. Stück – Stück – Löffel – Tasse – Tassen – Stück 6. Prise – Gramm – Teelöffel – Becher

C14 **A.** 1. Wir servieren Ihnen das zarteste Fleisch. 2. Bei uns gibt es nur den frischesten Fisch. 3. Wir haben die raffiniertesten Desserts. 4. Hier können Sie die exotischsten Früchte essen. 5. In unserem Weinkeller lagern die erlesensten Weine. 6. Zu uns kommen die kultigsten Leute. → *GT 2*

Anmerkung: Superlative wie exotischst *in der Werbesprache möglich*

B. *Superlativ –st:* exotischsten, erlesensten, kultigsten

Superlativ –est: zarteste, frischesten, raffiniertesten → *GT 2*

C15 1. höchsten 2. größte 3. wärmstens 4. wenigstens 5. am besten

C16 1. ballaststoff*reiche* Lebensmittel 2. nährstoff*reiche* Produkte 3. abwechslungs*reiches* Essen 4. energie*reiches* Frühstück 5. fett*armes* Fleisch 6. eiweiß*reiche* Fischgerichte 7. vitamin*reiche* Säfte 8. mineral*reiche* Getränke 9. alkohol*arme* Getränke 10. schadstoff*armes* Gemüse 11. cholesterin*arme* Margarine 12. salz*arme* Speisen → *GT 6*

A. 1. *Salzburger* Nockerln – *Linzer* Torte

2. *Berner* Rösti – *Züricher* Geschnetzeltem – *Basler* Leckerli

3. *Nürnberger* Lebkuchen – *Schwarzwälder* Kirschtorte – *Thüringer* Rostbratwurst → *GT 1*

B. Österreich: Linz, Salzburg, Wien Schweiz: Basel, Bern, Zürich Deutschland: Nürnberg, Schwarzwald, Thüringen

D. Alltag und Gesundheit

D1 **A.** 1. Das weiß*e* 2. die schwarz*e* – Deine schwarz*e* 3. deinen rot*en* – der rot*e* 4. meine neu*en* – Die neu*en* 5. deine gelb*en* – keine gelb*en* 6. eine blau*e* – die blau*e* → *GT 1*

B. 1. Auf deinem weiß*en* 2. In der schwarz*en* 3. zu einem rot*en* 4. in den neu*en* → *GT 1*

C. 1. Hat das Artikelwort *ein* Kasussignal, bekommt das Adjektiv die schwache Endung -*e* oder -*en*.

2. Das Adjektiv hat die schwache Endung -*e* im Nominativ *Singular* und im Akkusativ Singular *Femininum und Neutrum*, in allen anderen Fällen ist die schwache Endung -*en*.

D2 1. fettig*es* – fettig*en* 2. stark*en* – frisch*en* – hell*es* 3. trocken*en* – heiß*er* 4. schwer*e* – müd*e* – flach*e* – ganz*en* 5. wichtig*en* – spannend*es* – best*en* – kommend*e* → *GT 1*

D3 **A.** 1. eine schickere 2. eine schönere 3. Hübschere 4. Einen hässlicheren 5. eine teurere

B. 1. die schickste 2. die schönste 3. die hübschesten 4. der hässlichste 5. die teuerste → *GT 2*

D4 1. schimpfende und sich beschwerende Kundinnen 2. schlafende oder schreiende Babys 3. herumrennende oder Eis schleckende Kinder 4. diskutierende und streitende Jugendliche 5. Händchen haltende oder sich küssende Paare 6. schwitzende und auf die Uhr schauende Verkäuferinnen → *GT 3*

D5 1. blaue – modernste – teuerste – alten 2. grüne – dritten – schönste – aktuellen – neue 3. neuen – rote – ähnlichen – braunen – günstigsten → *GT 1*

D6 1. hellgrau*es* – neu 2. blau*er* – passend*em* 3. schön*e* – gut*em* 4. neuwertig*e* 5. alt*er* – massiv 6. langjährig*er* 7. englisch*e* – verschieden*e* 8. günstig*e* privat*e* – all*e* 9. Musikalisch*e* – ausgebildet*er* 10. klassisch*en* 11. zuverlässig*e* – mehrer*e* 12. gehbehindert*e* älter*e* 13. deutschsprachig*e* – gut*en* 14. alt*es* 15. weiß*e* – dunkl*en* 16. gebraucht*en* – alt*en* 17. freiwillig*e* – wissenschaftlich*e* 18. Russisch*e* → *GT 1*

D7 1. *alte* goldene Uhr 2. schickes *blaues* Kleid 3. alter *schwarzer* Fernseher 4. *neuer* brauner Mantel 5. *tolles* gelbes T-Shirt 6. *hübsche* neue Kette 7. *feines* seidenes Nachthemd 8. schöner *alter* Schrank → *GT 1*

D8 1. *schwere* Entscheidung 2. *schwer* gewesen 3. *schwerer* Unfall 4. *Schwer* zu sagen 5. *schwer* verliebt 6. *schwer* ersetzbar 7. *schweren* Herzens 8. *schwer* mit uns → *GT 1*

D9 **A. + B.** 1e: *mir* böse 2a: *dir* schlecht 3b: *ihr* kalt 4d: *euch* warm → *GT 7*

D10 **A. + B.** 1d: fällt schwer 2i: findet super 3f: macht ruhiger 4e: tut weh 5h: hat es leicht 6c: bleibt ruhig 7g: lässt allein 8b: werde gesund

D11 **A.** 1c 2d 3a 4e 5b 6f
B. *Partizip I:* blutend, wackelnd, tränend
Partizip II: gebrochen, verstaucht, verstopft, entzündet, geschwollen → *GT 4*

D12 1. *daran* beteiligt 2. schuld *an* 3. froh *darüber* 4. *in* ... verwickelt 5. beunruhigt *darüber* 6. *zu* ... bereit 7. schädlich *für* 8. *Für* ... entscheidend → *GT 7*

D13 1. eine kaum zu bewältigende Aufgabe 2. lokal anzuwendende Mittel 3. kaum zu beherrschende Ängste 4. eine schwer in den Griff zu bekommende Krankheit 5. kaum zu glaubende Erfolge 6. eine nicht zu unterschätzende Gefahr 7. täglich einzunehmende Medikamente → *GT 4*

D14 1a/g/h 2j 3d 4c 5g/a/h 6i 7e 8b 9h/a/g

D15 1. wärme*ausgleichend* 2. atmungs*aktiv* 3. koch*fest* 4. strapazier*fähig* 5. bügel*frei* 6. form*beständig* 7. pflege*leicht* 8. stil*echt* 9. farben*froh* 10. farb*echt* 11. schmutz*abweisend* 12. haut*freundlich* 13. kratz*fest* 14. luft*durchlässig* 15. wasser*dicht* 16. benutzer*freundlich* 17. bruch*sicher* → *GT 6*

D16 **A.** 1. energiesparend 2. umweltschonend 3. schadstoffbelastet 4. luftgetrocknet 5. funkgesteuert 6. umweltbelastend 7. sonnengereift 8. gesundheitsfördernd → *GT 4/6*
B. *Partizip I:* energiesparend, umweltschonend, umweltbelastend, gesundheitsfördernd
Partizip II: schadstoffbelastet, luftgetrocknet, funkgesteuert, sonnengereift → *GT 4*

D17 1. Knie 2. Gesicht 3. Wunde 4. Erfahrungen 5. Behandlung 6. Bewegung 7. Medikament 8. Zähne 9. Mann 10. Erinnerungen 11. Leben 12. Tod

D18 1. hochbetagt*es* 2. hochauflösend*er* 3. hochgefährlich*e* 4. hochpreisig*e* 5. hoch kompliziert*e* 6. hoch motiviert*e* 7. hoch verschuldet*e* → *GT 3*
Anmerkung: hoch + Partizip *meist Getrenntschreibung*

D19 1. Dritte 2. sieben 3. vier 4. siebzehn 5. siebten 6. drei 7. zehn 8. fünfte 9. tausend 10. drei 11. zwei 12. vier 13. sieben 14. Hundertsten → *GT 8*

E. Reisen und Verkehr

E1 1. groß*e* – dritt*e* – klein*en* - zweit*en* 2. schönst*en* – groß*e* – oberst*en* – schön*en* – all*er* – ganz*e* 3. nächst*e* – klein*en* – schmal*e* – recht*en* – erst*e* – meist*en* → *GT 1/2*

E2 1. dichter 2. beiden 3. überfüllte 4. neue 5. verschmutzter 6. liegengebliebenen 7. schwerer – mehreren 8. rechter 9. empfohlene 10. freie – allen → *GT 1*

E3 1. näher 2. Nächst*es* 3. höchst*e* 4. hoch 5. höher*e* 6. gut 7. best*e* 8. besser 9. viel*e* 10. mehr 11. meist*en* → *GT 2*

E4 1. *sauberer* als erwartet 2. *teurer* als geplant 3. *besser* als im Prospekt beschrieben 4. *kälter* als letztes Jahr 5. *anstrengender* als sonst 6. *näher* am Hotel als gedacht 7. *kürzer* als sonst 8. *öfter* als erhofft 9. *harmonischer* denn je → *GT 2*

E5 **A. + B.** 1d: bitter nötig 2f: die Hölle heiß 3c: wie die warmen Semmeln 4b: eine harte Nuss 5e: sauer sein

E6 1. ausgesprochen warm 2. extrem sauber 3. höchst angenehm 4. relativ wenig 5. recht ruhig 6. richtig gemütlich 7. ganz lange 8. total interessante → *GT 3*

E7 **A.** 1. ernst gemeint 2. der Ernst des Lebens 3. ernst nehmen 4. es ist dir ernst damit 5. wird es ernst 6. ein ernstes Wörtchen
B. 1a 2b 3d 4f 5g 6c

E8 **A.** 1b 2i 3f 4a 5j 6h 7c 8e 9d
B. *Adjektive mit Präp. + Akk.:* bekannt für, stolz auf, typisch für, besorgt um
Adjektive mit Präp. + Dat.: voll von, begeistert von, reich an, interessiert an, überzeugt von → *GT 7*

E9 **A.** 1. abrufbar 2. wählbar 3. absetzbar 4. bestellbar 5. lieferbar 6. stornierbar 7. unbezahlbar → *GT 6*
B. *Zugrundeliegende Verben.:* abrufen, absetzen, bestellen, bezahlen, liefern, stornieren, wählen
C. 1. Kann man ... im Internet abrufen? / Können ... abgerufen werden?
2. Welche Aktivitäten kann man ... wählen / können ... gewählt werden?
3. Kann man Sprachreisen ... steuerlich absetzen? / Können ... abgesetzt werden?
4. Kann man den Reiseführer ... bestellen? / Kann der Reiseführer ... bestellt werden?
5. Wie schnell kann der Bildband ... geliefert werden? 6. Bis wann kann man die Reise stornieren / kann die Reise storniert werden? 7. Ich glaube, diese Reise kann ich nicht bezahlen!

E10 1. erholsam*e* – klar*er* und rein*er* 2. ruhig*er* – All*e* – unmittelbar*er* 3. geführt*e* – frei*en* - kostenlos*e* 4. herrlich*e* – blühend*en* – überwältigend*es*

5. gemütlich*en* – komfortabl*en* – reichhaltig*em* 6. Tirol*er* – eigen*er* – regional*e*
7. unverbindlich*es* – individuell*e* – unvergesslich*en* → *GT 1*

E11 **A.** 1. südliche 2. westliche 3. westlichen – östlichen 4. östlichen 5. nördlich 6. südlich
B. *Süden:* südlich/südlichst- *Osten:* östlich/östlichst- *Westen:* westlich/westlichst-

E12 1. *Berliner* Mauer 2. *Stuttgarter* Ballett 3. *Nürnberger* Christkindlesmarkt 4. *Münchner* Oktoberfest 5. *Frankfurter* Buchmesse 6. *Kölner* Dom 7. *Dresdner* Elbtal 8. *Kieler* Woche → *GT 1*
Weitere Beispiele: Bremer Stadtmusikanten, Düsseldorfer Modewoche, Leipziger Buchmesse, Mainzer Fastnacht, Wuppertaler Tanztheater

E13 1. voraussichtlich 2. unübersehbar 3. übersichtlich 4. sichtbar 5. unvorhersehbar 6. absehbar → *GT 6*

E14 **A.** 1. zweckmäßig 2. planmäßig 3. ordnungsgemäß 4. regelmäßig 5. rechtmäßig 6. wunschgemäß → *GT 6*
B. 1e 2c 3b 4d 5f 6a

E15 **A.** 1. Nummer eins 2. für 20 Millionen Menschen 3. über 200 Millionen Tonnen 4. seit Juni 2002 5. zwei Gesichter 6. Im Jahr 2009 7. 27 Menschen 8. Zehntausende 9. Bauboom der 70er und 80er Jahre 10. das zweite Gesicht
B. *Kardinalzahlen:* eins, 20/zwanzig Millionen, 200/zweihundert Millionen, zwei, 27/siebenundzwanzig *Ordinalzahlen:* das zweite
Datum/Zeitangaben: seit Juni 2002/zweitausendzwei, im Jahr 2009/zweitausendneun, 70er/siebziger und 80er/achtziger Jahre *Nomen:* Zehntausende → *GT 8*

E16 **A.** 1c 2h 3a 4i 5d 6e 7f 8g
B. 1. Architekturbegeisterte 2. Naturliebende 3. Partybegeisterte 4. Reitbegeisterte 5. Sonnenhungrige 6. Wattliebende 7. Ruhesuchende 8. Kulturinteressierte → *GT 5*

F. Wetter und Freizeit

F1 **A.** 1. Schönes 2. milder 3. blauer 4. große 5. heftige 6. kräftige – einzelnen 7. schwerem 8. Erhöhte – umgestürzte 9. Mehrere – glatter 10. dichtem 11. Stundenlanger – starken 12. heftiger 13. starken – gelungenes 14. nassem – angenehme → *GT 1*
B. 1. Gibt es vor dem Adjektiv *kein* Artikelwort, bekommt das Adjektiv das Kasussignal des *bestimmten* Artikels (= starke Adjektivendung).
2. *Ausnahme:* Im Genitiv *Singular* Maskulinum und Neutrum ist das Kasussignal *-s* nur am Nomen und das Adjektiv hat die schwache Endung *-en*.

F2 1. tiefblauem 2. silbergraue – immergrünen 3. hellgrüne – zartgelbe 4. rotbraune – goldgelbe 5. hellblauer – tiefschwarzen → *GT 6*

F3 **A.** 1. sonnig 2. wolkig 3. neblig 4. gewittrig 5. windig 6. stürmisch 7. eisig 8. luftig → *GT 6*
B. 1. *luft*ig 2. *eis*ig 3. *wind*ig 4. *wolk*ig 5. *nebl*ig – *sonn*ig 6. *stürm*isch 7. *gewittr*ig

F4 **A.** 1. klein*en* 2. deiner groß*en* 3. deiner best*en* 4. deinen lieb*en*
5. deinem krank*en*
B. 1. modische 2. eine schick*e* 3. einen neu*en* 4. die warm*e* 5. ein kleines – meine groß*e* – eine gut*e* → *GT 1*

F5 **A.** 1a 2e 3d 4g 5b/c 6c/b 7i 8h 9k 10n 11l 12j/m 13m/j
B. 1. Schöne Ferien! Schönen Urlaub! 2. Gute Fahrt! Guten Flug! 3. Schöne/Frohe/Fröhliche Feiertage! 4. (Ein) Gutes neue Jahr! Frohe Ostern/Weihnachten! Fröhliche Weihnachten! 5. Viel Spaß/Vergnügen! 6. Gute Besserung! 7. Viel Glück/Erfolg!
C. *Wir wünschen dir/Euch/Ihnen: weiter wie B, aber:* 1. ... einen schönen Urlaub. 2. ... eine gute Fahrt / ... einen guten Flug. 4. ... ein gutes neues Jahr.

F6 **A.** 1. gleich beleidigt 2. am gleichen Tag 3. gleich alt
4. das gleiche Kleid 5. ist mir gleich 6. das Gleiche 7. gleich gesagt
B. *sofort:* 0/1/7 *egal:* 5 *genauso:* 3

F7 1c 2g 3f 4e 5a 6b

F8 1. nette ausländische 2. wunderbaren französischen – köstliches bayerisches
3. großes internationales – zahlreichen bayerischen 4. netter und unterhaltsamer / unterhaltsamer und netter – interessanten und spannenden / spannenden und interessanten
5. ausländischen und bayerischen / bayerischen und ausländischen → *GT 1*

F9 **A. + B.** 1a: Alle deutschen Fußballfans 2d: Welche berühmten Fußballspieler
3c: etliche ausländische Profis 4e: jedes wichtige Spiel 5h: dieses langweilige Spiel
6f: kein einziges Tor 7g: mehrere unklare Entscheidungen
8j: Sämtliche schwarz-rot-goldene Fanartikel 9k: solche unnützen Dinge
10l: einige verrückte Fans 11i: manches tolle Autogramm → *GT 1*

F10 **A.** 1. uralt/stocktaub 2. stocktaub/uralt 3. todkrank 4. kerngesund
5. sauwohl 6. topmodisch 7. supergut 8. sauteuer 9. stocksauer
10. todsicher 11. topfit 12. grottenschlecht 13. brandgefährlich
14. blitzschnell 15. haushoch 16. rabenschwarz
B. *brand-:* brandgefährlich *sau-:* sauschwer, sauteuer, sauwohl *stock-:* stocktaub, stocksauer *super-:* supergut *tod-:* todkrank, todsicher *top-:* topmodisch, topfit *ur-:* uralt *andere:* kerngesund, grottenschlecht, haushoch, rabenschwarz → *GT 3*

F11 1. zu dritt oder viert 2. fünf – einen 3. höchste 4. dreizehn – dreimal
5. dreizehn 6. null 7. Dritter → *GT 8*

F12 1. lesebegeistert 2. lesefaul 3. lesenswert 4. ungelesen 5. leserfreundlich
6. lesbar 7. unleserlich → *GT 6*

F13 **A.** 1a 2k 3g 4i 5h 6b 7d 8c 9j 10f
B. *Nomen + Adj.:* pfeilschnell, kopfballstark, ballgewandt, zielsicher, trickreich
Nomen (+ -es/-s) + Adj.: siegessicher, begeisterungsfähig, angriffslustig
Nomen (+ -en) + Adj.: nervenstark *Verb (– -en) + Adj.:* lauffreudig
Pronomen + Adj.: selbstbewusst → *GT 6*

F14 1. die sofort völlig durchnässten Spieler 2. der aufgrund einer Verletzung drei Wochen lang ausfallende Spieler 3. die wegen der Fehlentscheidung des Schiedsrichters laut protestierenden Zuschauer

4. der vom Schiedsrichter zu Unrecht gegebene Elfmeter
5. der laut pfeifende und die Rote Karte zeigende Schiedsrichter
6. der kurz vor Schluss von Nummer 6 sicher verwandelte Elfmeter
7. die stundenlang am Ausgang auf die Spieler wartenden Fans → *GT 4*
Anmerkung: z.T. auch andere Stellungen vor dem Partizip möglich

F15 1h 2e 3g 4b 5a 6c 7i 8f

F16 1c 2d 3b 4h 5f 6g 7e

F17 **A.** 1. beeindruckende 2. schwindelerregende 3. erfrischende 4. überwältigende 5. faszinierende 6. bezaubernde
B. 1. brennende Reifen und fliegende Keulen 2. galoppierende Pferde und Salto schlagende / saltoschlagende Reiter 3. jonglierende und Grimassen schneidende / grimassenschneidende Clowns 4. fauchende Löwen und sich drehende Elefanten 5. lachende und Beifall klatschende Zuschauer → *GT 4*

G. Schule und Lernen

G1 1. viel*e* – spitz*er* 2. französisch*es* – französisch*es* – englisch*es* 3. neu*e* – alt*e* 4. farbig*es* – blau*e* – grün*e* 5. neu*en* – nett*en* 6. schwarz*er* – schwarz*en* – blau*er* → *GT 1*

G2 **A. + B.** 1. hart*en* (attr.) 2. Sicher (adv.) – sicher*er* (attr.) 3. bestimmt*e* (attr.) – bestimmt (adv.) 4. natürlich*e* (attr.) – natürlich (adv.) 5. richtig (präd.) – richtig*en* (attr.) – richtig*en* (attr.) 6. wirklich (adv.) – wirklich*en* (attr.) → *GT 1*

G3 **A.** 1. intelligenteste 2. älteste 3. lauteste 4. schlechteste 5. härteste 6. leichteste
B. *Adj./Superlativ -est:* intelligent/intelligenteste, laut/lauteste, schlecht/schlechteste, leicht/leichteste
Adj./Superlativ Umlaut + -est: alt/älteste, hart/härteste → *GT 2*

G4 1. stärkste 2. dickste – beliebteste 3. kürzesten – schnellsten 4. lauteste – wildeste 5. strengsten 6. frischesten – billigsten 7. heißeste 8. schlau(e)ste 9. nettesten 10. sympathischsten → *GT 2*

G5 **A.** 1d 2a 3c 4h 5e 6g 7f
B. *vorne/hinten:* vorderste/hinterste *oben/unten:* obere/untere – oberste/unterste *rechts/links:* rechte/linke *in der Mitte:* mittlere *an der Seite:* seitliche

G6 1. Je früher ..., desto weniger Stress hat man. 2. Je näher ..., desto nervöser wird man. 3. Je leichter ..., desto schneller kann man sie lösen. 4. Je besser ..., desto problemloser schafft man die Prüfung. 5. Je wichtiger ..., desto weniger Fehler will man machen. 6. Je weniger ..., desto besser ist das Ergebnis. → *GT 2*

G7 1. sehr 2. ziemlich 3. relativ 4. nicht so 5. überhaupt nicht → *GT 3*

G8 1. ohne Weiteres 2. weitere 3. Alles Weitere 4. weiteren 5. weitere 6. anderen 7. etwas ganz anderes 8. anderen 9. anderen 10. andere

G9 **A.** 1c 2a 3g 4b 5d 6f
B. 1. uns ... übel 2. ihr ... peinlich 3. ihr ... schwindlig 4. ihm ... lästig 5. euch ... gleichgültig 6. jedem ... bekannt → *GT 7*

G10 1. Die eine 2. die andere 3. einer 4. eine 5. Anderthalb 6. eins 7. ein 8. eine 9. eine Eins

G11 **A.** 1. da*mit* 2. dar*an* 3. dar*über* 4. *mit* 5. dar*auf* 6. da*von* → *GT 7*
B. 1. Womit sind deine Eltern einverstanden? 2. Woran sind sie noch nicht gewöhnt? 3. Worüber ist deine Schwester traurig? 4. Womit bist du fertig? 5. Worauf seid ihr alle gespannt? 6. Wovon bist du überzeugt? → *GT 7*

G12 1. schlecht*en* 2. ungenau*er* 3. undeutlich*en* 4. einfach*er* 5. viel*en* unlogisch*en* 6. gut*en* 7. fehlerfrei*en* 8. schön*en* 9. logisch*er* 10. idiomatisch*en* 11. interessant*en* 12. schwierig*er* → *GT 1*

G13 1. im Wesentlichen 2. Im Folgenden 3. bei Weitem 4. Im Allgemeinen – im Besonderen 5. Als Nächstes 6. Im Großen und Ganzen

G14 **A.** 1. Unmögliches 2. das Nötigste 3. Alles Wichtige 4. das Wesentliche 5. Die Fleißigeren
B. 1. Näheres 2. auf dem Laufenden 3. Die meisten 4. Die Schwächeren 5. Ihr Möglichstes → *GT 5*

G15 1. zu erreichendes 2. zu überschauende 3. zu überwindende 4. zu erklärenden 5. zu entschuldigende → *GT 4*

G16 1. mehr schlecht *als recht* 2. schön *und gut* 3. groß *oder klein* – dick *oder dünn* 4. hoch *und heilig* 5. heimlich, still *und leise* 6. Über kurz *oder lang* 7. lieb *und teuer* 8. klein, *aber fein* 9. offen *und ehrlich*

H. Arbeit und Beruf

H1 **A.** 1. besonder*e* 2. besonder*en* 3. besonder*e* 4. besonder*s* 5. besonder*en* 6. besonder*s* 7. Besonder*es* 8. besonder*s* 9. Besonder*s* 10. besonder*en* 11. besonder*s* 12. besonder*es* 13. besonder*s* 14. besonder*s* 15. Besonder*es*
B. Bedienung, Kellner/in

H2 1. Gemein*sam* 2. selbstständ*ig* 3. ähn*lich* 4. krit*isch* 5. typ*isch* 6. furcht*bar* 7. ängst*lich* 8. neugier*ig* 9. dank*bar* 10. wirk*lich* 11. wicht*ig* 12. persön*lich* 13. mög*lich* 14. grundsätz*lich* 15. Herz*liche* → *GT 6*

H3 **A. + B.** 1. Je *beliebter* die Firma *ist,* umso *mehr* Bewerber *gibt es.*
2. Je *mehr* Bewerber *es gibt,* desto *geringer sind* die Chancen, ...
3. Je *größer* das Unternehmen *ist,* umso *höher sind* die Gehälter.
4. Je *besser* die Ausbildung *ist,* desto *höher sind* die Chancen, ...
5. Je *größer* der Betrieb *ist,* desto *mehr* Angestellte *gibt es.*
→ *GT 2*

H4 1. weniger unfreundlich 2. weniger nervös 3. weniger undeutlich 4. weniger Pausen

H5 **A.** 1. morgendlichen 2. wöchentliche 3. stündlich 4. monatlich 5. alltäglichen 6. abendlichen 7. jährliche → *GT 6*
B. stündlich – wöchentlich – monatlich – jährlich – morgendlich – abendlich – alltäglich

H6 1. unselbstständig – unverständlich – ununterbrochen
2. unbefristet*en* – unangemessen – unerfüllbar
3. unverantwortlich – unentschuldigt – unbezahlt*en*
4. unerfahren – untätig – ungeeignet → *GT 3*

H7 1. geduldig 2. meine Entscheidung enttäuscht 3. mich nicht leicht 4. meiner Arbeit meist zufrieden 5. den Bereich Produktmarketing zuständig 6. gespannt → *GT 7*

H8 1. verantwortlich 2. enttäuscht 3. beschäftigt 4. gespannt 5. freundlich 6. beliebt 7. offen 8. immun 9. bezeichnend 10. verwandt 11. unkritisch 12. eifersüchtig → *GT 7*

H9 **A.** 1. morgigen 2. auswärtige – mehrmaligen 3. baldige – gestrige 4. derzeitigen – vorherigen 5. bisherigen – heutiger → *GT 6*
B. *Adverb/Adjektiv:* morgen/morgig, auswärts/auswärtig, mehrmals/mehrmalig, bald/baldig, gestern/gestrig, derzeit/derzeitig, vorher/vorherig, bisher/bisherig, heute/heutig

H10 1. hoch 2. fest 3. locker 4. groß 5. dick 6. kalt 7. dünn 8. kurz

H11 1. Auszubildende 2. Berufstätige 3. Schwerbehinderte 4. Schwangere 5. chronisch Kranke 6. Steuerpflichtige 7. Geringverdienende 8. Arbeitslose – Arbeitssuchende → *GT 5*

H12 1. langfristig 2. zuständig 3. sorgfältig 4. jeweilig*en* 5. sofortig*e* 6. Etwaig*e* 7. obig*en* 8. anderweitig 9. sonstig*e* 10. gegenseitig*es* → *GT 6*

H13 1. wünschenswert 2. bewundernswert 3. begehrenswert*e* 4. lobenswert*e* 5. wert 6. preiswert*e* 7. beneidenswert*e* 8. erstrebenswert – wertvoll*e* 9. wissenswert*en* 10. lohnenswert

H14 1a 2d/2b 3f/3e 4h/4g 5i/5k 6j/6l 7o/7m 8n/8p

J. Medien, Aktuelles und anderes

J1 **A.** 1. kleinste 2. beste 3. beliebteste 4. berühmteste 5. schnellste 6. bekannteste 7. schönste 8. erfolgreichste 9. größte 10. sympathischste → *GT 2*
B. 1. Zu den kleinsten Frauen der Welt zählt ... 2. Zu den besten Schauspielerinnen in Deutschland ... 3. Zu den beliebtesten Politikern in den USA ... 4. Zu den berühmtesten Köchen Frankreichs ... 5. Zu den schnellsten Männern der Welt ... 6. Zu den bekanntesten Sportlern Deutschlands ... 7. Zu den schönsten Frauen der Welt ... 8. Zu den erfolgreichsten Unternehmerinnen in Europa ... 9. Zu den größten Lügnern von allen Politikern der Welt ... 10. Zu den sympathischsten Deutschlehrerinnen, die ich kenne, ...
C. 1. Eine der kleinsten Frauen der Welt ist ... 2. Eine der besten Schauspielerinnen ... 3. Einer der beliebtesten Politiker ... 4. Einer der berühmtesten Köche ... 5. Einer der schnellsten Männer ... 6. Einer der bekanntesten Sportler ... 7. Eine der schönsten Frauen ... 8. Eine der erfolgreichsten Unternehmerinnen ... 9. Einer der größten Lügner ... 10. Eine der sympathischsten Deutschlehrerinnen, die ich kenne, ...

J2 1. mehr 2. heißeren – häufiger 3. schönstes – meisten – geringsten
4. größten – besten → *GT 2*

J3 **A.** 1. Deswegen haben wir *wochenlang* Angebote ...
2. Wir haben uns *monatelang* auf ... 3. Wir haben *stundenlang* auf ...
4. Als ich dann *minutenlang* vorgeschlagen ... / ... hat *minutenlang* niemand ...
5. ..., dass viele Passagiere *tagelang* am ... → *GT 6*
B. sekundenlang, jahrzehntelang, jahrhundertelang

J4 1. Betrunken*en* 2. Deutsch*en* 3. Überlebend*e* 4. Jugendlich*e* 5. Verletzt*en*
6. Beschäftigt*en* 7. Jünger*e* 8. Reisend*e* 9. Verheiratet*e* 10. Ärmer*en*
11. Unbekannt*er* → *GT 5*

J5 1. Etlich*e* genervt*e* 2. jed*er* zweit*e* 3. Sämtlich*e* innerdeutsch*e(n)*
4. Mehrer*e* jugendlich*e* 5. Folgend*e* städtisch*e(n)* 6. Manch*e* ander*e(n)*
7. Solch*e* medizinisch*e(n)* / Solch medizinisch*e*
8. Manch*er* verloren*e* / Manch verloren*er* → *GT 1*

J6 **A.** 1c 2f 3b 4a 5d 6g
B. 1. Zehner 2. Zwanziger/Zwanzger 3. Fünfziger/Fuffz(i)ger 4. Hunderter
5. Zweihunderter 6. Fünfhunderter → *GT 8*

J7 **A.** 1g 2c 3e 4a 5b 6f
B. + D. *Vorsilbe un-:* unfähig, unnatürlich, unsicher, unbeständig, ungeordnet, unrealistisch, untätig
Vorsilbe in-/irr-/ill-: instabil, inkompetent, irreparabel, inakzeptabel, illegal, inoffiziell
Vorsilbe de-/des-: desillusioniert, desorganisiert, demoralisiert, desinformiert
Vorsilbe a-: anormal → *GT 3*
C. 1. desinformiert 2. unrealistisch 3. inakzeptabel 4. illegale 5. Inoffiziell → *GT 3*

J8 1. unvorstellbar 2. unfassbar 3. identifizierbar 4. unbewohnbar 5. trinkbar
6. ungenießbar 7. lösbar 8. undenkbar → *GT 6*

J9 **A.** 1. respekt*volles* 2. anspruchs*loser* 3. reiz*volle* 4. hoffungs*lose* 5. herren*loses*
6. herz*lose* 7. geheimnis*volle* 8. prunk*volle* 9. glanz*volle* 10. ziel*loses*
11. grenzen*lose* 12. end*lose* → *GT 6*
B. 1. Respekt: respekt*voll* ↔ respekt*los* 2. Anspruch: anspruchs*voll* ↔ anspruchs*los*
3. Reiz: reiz*voll* ↔ reiz*los* 4. Hoffnung: hoffnungs*voll* ↔ hoffnungs*los*
7. Geheimnis: geheimnis*voll* ↔ geheimnis*los* 8. Prunk: prunk*voll* ↔ prunk*los*
9. Glanz: glanz*voll* ↔ glanz*los*

J10 **A.** 1. verzweifelt*er* 2. verkleidet*e* – vergiftet*er* 3. verloren*er*
4. verlassen*en* 5. vergraben*en* 6. versunken*e* 7. verstoßen*e*
8. verschwunden*en* 9. verflucht*e* → *GT 4*
B. 1b 2e 3a 4d 5i 6f 7g 8j 9h

J11 1. Banal*er* – fatal*es* 2. real*e* – normal*en* 3. emotional*es* – brutal*en*
4. monumental*er* – genial*en* 5. katastrophal*er* 6. minimal*er* – international*er*
7. epochal*es* 8. optimal*e* – phänomenal*en* 9. sentimental*er* 10. ideal*e* → *GT 6*

J12 **A. + B.** 1d: Chemisch*en* – deutsch*en* 2b: Frei*en* 3c: Deutsch*en* – Öffentlich*en*
→ *GT 1*

J13 1. integriertem – verpasste – bestimmten 2. neueste – erhitzbare – schwierigsten 3. Natürliches – Besondere – wertvollen 4. ruhigen – kleinste – scharfe → *GT 1*

J14 **A.** 1. ... trockener und heißer die Sommer sind. 2. ... mehr die Kraft des Golfstroms durch die Erderwärmung abnimmt. 3. ... mehr sich das Meer erwärmt und die Polkappen abschmelzen. 4. ... weiter sich die Klimazonen nach Norden verschieben. 5. ... mehr die Ökosysteme durch Naturkatastrophen zerstört werden.
B. 1. Je trockener und heißer ... sind, desto größer wird in den Mittelmeerländern die Waldbrandgefahr / die Waldbrandgefahr in den Mittelmeerländern. 2. Je mehr ... abnimmt, desto wärmer wird es in Europa. 3. Je mehr sich ... erwärmt ..., desto mehr steigt der Meeresspiegel an. 4. Je weiter sich ... verschieben, desto schneller werden sich in Europa Krankheitserreger ... / Krankheitserreger ... in Europa verbreiten. 5. Je mehr ... zerstört werden, desto mehr Hungersnöte gibt es ... → *GT 2*

J15 1. nennenswert 2. beklagenswert*en* 3. bemerkenswert 4. beachtenswert*e* 5. erwähnenswert 6. begrüßenswert → *GT 6*

J16 1. nachlassend*en* 2. angeschlagen*en* 3. Qualifiziert*e* 4. computergesteuert*e* 5. überbewertet*e* 6. vergangen*en* 7. laufend*en* 8. sinkend*e* 9. exportorientiert*e* 10. verschuldet*e* 11. gefallen*en* 12. gestiegen*e* 13. überhöht*e* 14. stagnierend*e* 15. ungebremst*es* → *GT 4*

J17 1. unterschiedliche politische und wirtschaftliche 2. freies, unabhängiges 3. freie, gleiche und geheime 4. totalitäre politische 5. Tausende überglückliche 6. persönliche, gesellschaftliche und wirtschaftliche → *GT 1*

K. Teste dich selbst! Schwierige Übungen für Mutige

K1 1. angeklagt*e* 2. dreimonatig*er* 3. frei*em* 4. dringend*er* 5. 48-jährig*e* 6. weiß*em* 7. unbekannt*em* 8. beginnende → *GT 1*

K2 **A.** 1. friedlich*e* 2. ländlich*e* – städtische 3. dörflich*er* – bäuerlich*e* 4. fürstlich*es* – königlich*es* 5. kaiserlich*es* – höfisch*es* 6. künstlerisch*e* – künstlich*e* 7. häuslich*e* – heimisch*e* 8. mütterlich*e* – väterlich*er* 9. himmlisch*e* – irdisch*es* → *GT 6*
B. 5. Hof: höf*isch* + höf*lich* (*z. B.* höfliches Benehmen)
7. Heim: heim*isch* + heim*lich* (*z. B.* heimliche Liebe)

K3 **A.** 1. Einmalig*e* 2. wertvoll*e* 3. bedeutend*e* 4. zahlreich*e* 5. faszinierend*en* 6. prächtig*e* 7. stolz*e* 8. herrlich*e* 9. Bestaunenswert 10. viel*en* 11. römisch*en* 12. Beeindruckend*e* 13. sanft*e* 14. sonnig*e* 15. viel*e* 16. wertvoll*es* → *GT 1*
B. *Adj. auf –ig/–lich/–isch:* einmalig, prächtig, herrlich, römisch, sonnig
Adj. auf –reich/–voll/–wert: wertvoll, zahlreich, bestaunenswert
Adj. auf –nd (Part. Präs.): bedeutend, faszinierend, beeindruckend
andere: stolz, viel, sanft

K4 1. Innerlich 2. äußere 3. innere 4. innere 5. äußere 6. innerlich

K5 1. kinder*feindlich* 2. kinder*lose* 3. kinder*reiche* 4. kinder*freundliches* 5. kind*liches* 6. kind*ischen* 7. kind*liche* 8. kind*gerecht* 9. kinder*lieben* 10. kinder*sicher* 11. kinder*leicht* → *GT 6*

Anmerkung:
kinderfreundlich *(Institution/Firma/Hotel u. ä.)* ↔ kinderlieb *(Person/Tier)*
kindlich *(neutrale Bedeutung)* ↔ kindisch *(negativ:* unpassend, nicht angemessen*)*

K6 1. vergoldet 2. echtgoldene 3. Goldene – goldfarbene 4. goldig 5. versilberten 6. silberfarbenen 7. silbrig 8. silberne 9. steinalt 10. steinreich 11. versteinert 12. Steinernen 13. steinig 14. steinhart → *GT 6*

K7 1. schuldenfrei 2. konfliktfrei*en* 3. problemlos 4. arbeitsfrei*es* 5. arbeitslos 6. sorglos 7. sorgenfrei*es* → *GT 6*

K8 1. viele zu leistende Überstunden 2. manch überarbeiteter Kollege 3. Familien belastende Arbeitsbedingungen 4. einige veraltete Maschinen 5. immer wieder ausfallende Mittagspausen 6. drei neu zu besetzende Stellen → *GT 4*

K9 **A. + B.** 1c: blau 2d: schwarz 3a: blauen 4e: gelb 5i: blaues 6f: Blaue 7g: *schwarz*malen 8h: schwarz 9k: *blau*machen 10m: rosarote 11l: grün 12j: grünen

K10 **A.** 1. durchaus ernst zu nehmendes 2. kaum zu beschreibende 3. nur schwer zu ertragende 4. kaum zu verstehenden 5. wirklich zu empfehlendes → *GT 4*
B. 2. kaum beschreib*bare* 3. nur schwer erträg*liche* 4. für den Leser kaum verständ*lichen* 5. wirklich empfehlens*wertes* → *GT 6*

K11 1. Er hält sich für etwas Besseres. 2. Wir haben die besseren Karten. 3. Doppelt genäht hält besser. 4. Hunger ist der beste Koch. 5. Wer zuletzt lacht, lacht am besten. 6. Das kommt in den besten Familien vor. 7. Das geht beim besten Willen nicht. 8. Das ist besser als nichts.

K12 **A.** 1. enger – kürzer 2. dümmsten – dicksten 3. später – schöner 4. Nächste 5. kälter 6. dicker → *GT 2*
B. 1e 2d 3f 4g 5c 6b

K13 **A.** 1. übergewichtigen 2. überempfindlich – übertrieben 3. überfällig – überpünktlich 4. überqualifiziert – überfordert 5. übernervös – übermüdet 6. überglücklich – überarbeitet → *GT 6*
B. 1a 2b
C. 1. über-/untergewichtig 2. über-/untertrieben 4. über-/unterqualifiziert – über-/unterfordert *Anmerkung: oft Partizipien, Betonungsregeln wie bei* über- *(siehe B.)*

K14 *Mit Komma (Reihenfolge egal):* 1. kleiner, harmloser 3. viele moderne, verträgliche und wirksame 7. einfache, sichere und schmerzlose 10. guten, erfahrenen und vertrauenswürdigen
Ohne Komma (feste Reihenfolge): 2. akuten fieberhaften 4. mehrere neue wissenschaftliche 5. traditionelle chinesische 6. verschiedene andere alternative 8. bestimmte ärztliche 9. wenige medizinische → *GT 1*

K15 1. Süchtig*e* 2. täg*lich* 3. mehr 4. Negativ*es* 5. tück*isch* 6. verfüg*bar* 7. von/vom 8. von/vom 9. an 10. schneller 11. gefährlicher 12. all*es* 13. viel*e* 14. Süchtig*e* 15. gebildet*e* 16. viel*e* 17. kriminell*en* 18. erfolg*reich* 19. Spielsüchtig*en* 20. Alkoholkrank*en* 21. längerfrist*ig* 22. Spielsüchtig*e* 23. größer*e* 24. Süchtig*en* 25. heftiger